公共管理创新
与发展丛书

环境规制对绿色技术创新能力的影响
—— 基于陕西省制造业的研究

The impact of environmental regulation on
green technological innovation capability
——Based on the manufacturing industry in Shaanxi

赵立雨 张 丹 娄俊婷 张彦海 著

经济管理出版社
ECONOMY & MANAGEMENT PUBLISHING HOUSE

图书在版编目（CIP）数据

环境规制对绿色技术创新能力的影响：基于陕西省制造业的研究/赵立雨等著 . —北京：经济管理出版社，2018.8
ISBN 978-7-5096-5687-7

Ⅰ.①环… Ⅱ.①赵… Ⅲ.①环境规划—影响—制造工业—技术革新—陕西—文集 Ⅳ.①F426.4-53

中国版本图书馆 CIP 数据核字（2018）第 047887 号

组稿编辑：李红贤
责任编辑：王光艳　李红贤
责任印制：黄章平
责任校对：陈　颖

出版发行：经济管理出版社
　　　　　（北京市海淀区北蜂窝 8 号中雅大厦 A 座 11 层　100038）
网　　址：www.E-mp.com.cn
电　　话：（010）51915602
印　　刷：北京玺诚印务有限公司
经　　销：新华书店
开　　本：720mm×1000mm/16
印　　张：11.5
字　　数：187 千字
版　　次：2018 年 9 月第 1 版　2018 年 9 月第 1 次印刷
书　　号：ISBN 978-7-5096-5687-7
定　　价：58.00 元

·版权所有　翻印必究·
凡购本社图书，如有印装错误，由本社读者服务部负责调换。
联系地址：北京阜外月坛北小街 2 号
电话：（010）68022974　　邮编：100836

前　言

　　生态文明建设和环境保护的关键是处理好人与自然的关系。为应对日趋严重的环境问题，如雾霾等，政府进行环境规制，以实现保护环境和发展经济的目标，解决环境污染导致的外部性问题。在党的十九大报告中，"绿色发展"及"绿色技术创新"受到了空前的关注和重视；在《〈中国制造2025〉陕西实施意见》重大项目表和重点任务分工中明确提出要"突出创新驱动，构建制造业开放式创新体系"和"聚焦绿色制造，实现可持续发展"。因而，政府目前所实施的环境规制政策，政府进行环境规制在何种程度上可以促进制造业进行绿色技术创新，以及环境规制对制造业绿色技术创新能力的影响，是非常值得研究的问题。

　　首先，以陕西省制造业为分析对象，探究其绿色技术创新的现状及存在的问题。主要问题包括：企业对绿色技术创新认识不够，对绿色技术创新能力的重视程度不足，激励措施不到位；企业家绿色技术创新发展战略意识缺乏；创新投入产出不匹配，等等。构建政府决策者与企业决策者的秩依期望效用博弈模型，引入情绪函数反映参与者对预期的态度，讨论在不同情绪状态下政府进行环境规制与企业进行绿色技术创新的演变过程。研究表明，政府进行环境规制监督的概率取决于企业实施绿色技术创新的投入成本与收益的比值以及企业情绪指数；而企业实施绿色技术创新战略的概率取决于政府进行环境规制监督所付出的成本与收益的比值以及政府情绪指数。在经济发展与保护环境的权衡过程中，当企业进行绿色技术创新付出的成本大但收益小时，可能出现"市场失灵"现象，这时政府应当进行环境规制，出台相应的环境规制政策并采用相应的环境规制工具来引导企业进行绿色技术创新；当政府进行环境规制所付出的成本相对收益较小时会促进企业进行绿色技术创新。

其次，采用因子分析方法对环境规制强度进行测量，实证分析环境规制对陕西省制造业绿色技术创新能力的影响。结果表明，环境规制对陕西省制造业绿色技术创新能力的影响具有不确定性。从历史发展演变的角度而言，环境规制强度对陕西省制造业绿色技术创新能力的影响为倒"U"形关系，当环境规制强度较弱时，环境规制强度的提升将促进陕西省制造业绿色技术创新能力；当环境规制强度不断增强且超越临界值时，环境规制强度的提升将抑制陕西省制造业绿色技术创新能力。从绿色技术创新能力的角度而言，环境规制强度的提升促进了陕西省制造业基于科研产出的绿色技术创新能力，且短期影响效果更为显著；但是环境规制强度的提升却使陕西省制造业基于成果转化的绿色技术创新能力降低，且长期影响效果更为显著。

最后，根据研究的主要结论以及陕西省制造业环境规制与绿色技术创新现状，在企业主体地位、产学研创新机制、多元创新投入体系、创新政策扶持和环境规制形式与相对强度等方面提出针对性的政策建议。

目 录

第一章 绪论 1

一、研究背景 3

二、国内外研究综述 4

（一）环境规制研究综述 4

（二）绿色技术创新研究综述 6

（三）政府环境规制与制造业绿色技术创新博弈分析的

相关研究 9

（四）环境规制对绿色技术创新影响的研究综述 10

（五）研究述评 13

三、研究意义 14

（一）理论意义 15

（二）现实意义 16

四、研究方法 17

五、研究内容与技术路线 18

六、可能的创新之处 20

第二章 概念界定和理论基础 22

一、概念界定 22

（一）环境规制概念界定 22

（二）低碳经济相关概念 24

（三）绿色技术创新能力概念界定 27

二、理论基础 ·· 33
（一）环境规制的相关理论 ······························ 33
（二）秩依期望效用博弈理论 ··························· 37

第三章 陕西省制造业绿色技术创新的现状及存在的问题 ······ 39
一、陕西省制造业发展现状 ······························· 40
（一）制造业企业行业分布全面 ······················· 40
（二）占比提高但增速回落 ···························· 42
（三）行业规模扩张但效益略有下滑 ·················· 42
（四）重点产品生产保持稳定 ························· 43
（五）企业实力增强但集中度下降 ···················· 45
（六）高新技术制造业是创新最活跃的工业领域 ······ 45
（七）陕西省制造业与全国的对比情况 ················ 47
（八）陕西省制造业结构调整进展情况 ················ 49
二、陕西省制造业绿色技术创新的现状 ····················· 54
（一）政府环境规制的相关法律法规 ··················· 55
（二）陕西省制造业绿色技术创新多为政府主导 ······ 57
（三）陕西省制造业研究与试验发展（R&D）支出与专利申请状况 ·················· 58
三、陕西省制造业绿色技术创新中存在的问题 ··············· 60
（一）陕西省制造业结构调整存在的问题 ·············· 61
（二）企业激励措施有限，对绿色技术创新能力的重视程度不足 ······················ 62
（三）企业家绿色技术创新发展战略意识薄弱 ········ 63
（四）以企业为主体的产学研协同创新机制没有建立 ······ 65
（五）创新的投入产出不匹配，创新产出的质量和效率有待提高 ······················ 67
（六）环境保护的积极性有待提高且创新优惠政策贯彻落实不到位 ···················· 69

第四章　政府环境规制与企业绿色技术创新博弈分析······73

一、政府环境规制与企业绿色技术创新博弈模型······73
（一）绿色技术创新的影响要素分析······73
（二）政府与企业博弈模型的假设······77
（三）政府与企业秩依期望效用博弈模型的构建······78

二、政府与企业博弈模型求解······80
（一）当 $r_1=1$ 且 $r_2=1$ 时博弈模型的求解······80
（二）当 $r_1=1$ 且 $r_2\neq 1$ 时博弈模型的求解······84
（三）当 $r_1\neq 1$ 且 $r_2=1$ 时博弈模型的求解······86
（四）当 $r_1\neq 1$ 且 $r_2\neq 1$ 时博弈模型的求解······87

三、政府与企业博弈模型的数值模拟······88

四、政府环境规制与企业绿色技术创新的博弈分析······91

第五章　环境规制对陕西省制造业绿色技术创新能力影响的实证分析······95

一、环境规制强度的测量······95
（一）环境规制指标的选取及来源······96
（二）数据处理及环境规制强度的计算······97

二、模型构建与变量选取······102
（一）模型构建······102
（二）数据来源与变量的选取······103
（三）研究方法······104
（四）实证检验······107
（五）实证结果讨论······111

第六章　政策建议······114

一、遵循创新发展规律并强化企业在创新中的主体地位······114
二、倡导采取灵活多样的环境规制形式并提高环境规制的相对力度······116

三、建立完善的产学研协同创新机制，加快科技成果创新创造和
　　提高产业化水平，促进陕西省制造业转型升级 ················ 119
四、加大知识产权保护力度 ·· 121
五、建立健全多元化企业创新投入体系，提高研发投入强度 ······· 123
六、完善企业创新政策，狠抓政策的宣传和落实 ···················· 125
七、促进军民融合 ··· 127
八、政府应采取多种手段开展环境规制，社会各方积极推进绿色
　　技术创新 ··· 129

第七章　研究结论及需要进一步研究的问题 ·························· 132
一、研究结论 ·· 132
二、不足之处 ·· 134
三、研究展望 ·· 134

附录 ··· 135
附录1　陕西省制造业绿色技术创新能力调查问卷 ·················· 135
附录2　《排污许可证管理暂行规定》陕西省实施细则 ············· 139
附录3　陕西省固体废物污染环境防治条例 ··························· 150

参考文献 ·· 164

后记 ·· 175

第一章

绪 论

环境作为一种全球性的公共物品,在人类社会的发展中发挥着举足轻重的作用。一方面,环境为人类社会的发展提供了丰富的资源;另一方面,随着环境污染的加重,它反过来又制约了人类社会的可持续发展。因此,自20世纪70年代以来,国际社会开始对环境污染问题展开了大规模的政府干预,环境规制的力度不断增强,方式、方法及工具不断创新和丰富,环境规制成果显著。中国是一个疆域大国,由于自然、历史、经济、社会等因素的影响,环境规制在不同区域必然会表现出一定的差异性。目前,粗放型经济发展模式是造成资源紧缺、资源浪费和环境退化的主要原因。如何在改善环境与资源状况的前提下促进经济增长是当前亟待解决的问题。

G20峰会和气候峰会达成的共识就是人类进入了低碳经济时代。所谓低碳经济,是以低能耗、低污染、低排放为基础的经济模式,是人类社会继农业文明、工业文明之后的又一次重大进步。低碳经济的实质是能源高效利用、清洁能源开发,核心是能源技术和减排技术创新、产业结构和制度创新以及人类生存发展观念的根本性转变。欧美发达国家大力推进以高能效、低排放为核心的"低碳革命",着力发展低碳技术,并对产业、能源、技术、贸易等政策进行重大调整,以抢占先机和制高点。欧盟委员会推出的"欧洲2020战略"中提出了构建"创新型联盟"的设想,其中五项核心目标之一就是在1990年的基础上,将温室气体排放削减20%,将可再生能源使用比例提高至20%,将能效提高20%。进入21世纪以来,美国政府高度重视低碳技术创新,仅在2010年低碳技术创新预算方案中所列预算总额就高达606亿美元。日本政府已经设计出一套低碳技术的路线图:首先,在强调政府在基础研究中的作用和责任的同时,鼓励私有资本对科技研发的投入，保证技术创新的资金投入，今后5年将在低碳技术创新方面投入300亿美元；其次，建立官、产、学密切合作的国家研发体系，以便充分发挥各部门科研机构的合力，集中管理，提高技术研发水平和效率。发展低碳经济对我国现有发展模式提出了重大挑战，也为实现经济方式的根本转变提供了难得的机遇。作为一个经济快速增长的国家，中国未来的能源需求和温室气体排放将明显增加，到2030年将比2005年增加1倍以上。因此，我国提出到2020年单位国内生产总值二氧化碳排放比2005年下降40%~45%的宏伟目标。时任总理温家宝在党的十一届全国人大三次会议的政府工作报告中提出，要努力建设以低碳排放为特征的产业体系和消费模式，积极参与应对气候变化的国际合作，推动全球应对气候变化取得新进展。

我国"十三五"规划中明确提出了"绿色"与"创新"两大新发展理念，党的十九大报告中也明确提出"推进绿色发展"，绿色发展和绿色技术创新成为学术界研究的热点问题之一。绿色技术创新一直是绿色创新研究中的重要组成部分，它能够提升企业资源利用率并降低污染废弃物排放，在促进科技进步与产量增长的同时保护生态环境。然而，实行绿色技术创新的企业不但要承担知识外溢可能造成的经济损失，还要承担环境的负外部性所造成的经济成本，这使企业很难自发地进行绿色技术创新。政府干预是激励技术创新绿色化的关键。政府能够通过制定环境相关政策解决绿色技术创新的环境外部性问题，采用支持手段对知识溢出进行经济补偿，激励企业进行绿色技术创新，从而创造经济与环境双重效益。本书在已有研究的基础上，以陕西省制造业为例，重点分析环境规制对陕西省制造业绿色技术创新的影响，从而为政府环境规制以及陕西省制造业结构转型升级提供切实可行的、有效的政策建议。

随着工业化进程的加快，资源匮乏及环境污染的负外部性问题日益突出，市场失灵、科技进步等因素导致资源的配置偏离最优状态，于是环境规制与经济发展、两型社会的构建成为人们关注的焦点。环境规制对经济发展的影响是一个全面性、长期性和持续性的过程，我们在研究中应该全面考虑环境规制对多种经济发展要素的影响，从而探讨环境规制对经济发展的作用。而两型社会的建立是进行环境规制的宗旨和目标，环境规制将有效地促进企业的绿色创新，节省企业的生产成本,减少企业在发展中带来的环境污染和资源浪费,从而加快两型社会的建成。

一、研究背景

计算机技术、核技术、航空航天技术、海洋技术、生物技术、新能源和新材料技术等一些先进技术的不断发展,极大地促进了经济的快速发展,这在给人类带来丰裕的物质基础的同时,也造成了资源的大量消耗和浪费,环境污染日益严重,经济发展的可持续性日益脆弱。以西方国家为例,自20世纪30年代开始,先后出现了诸如马斯河谷事件、多诺拉事件、洛杉矶光化学烟雾事件等一系列重大环境事件,它们对人类的身体健康造成了严重伤害。随着中国经济的快速发展,也出现了自来水污染、土壤重金属超标、雾霾围城等一系列环境事件。目前,环境污染问题备受各界人士的关注。雷切尔·卡逊(Rachel Carson)在其著作《寂静的春天》中描绘了一个人类可能即将面临的因为农药的大量使用而没有鸟类、蜜蜂和蝴蝶的世界。作者受到了某些利益相关者的诋毁和抨击,但她所坚持的思想为人类环境保护意识的启蒙点燃了一盏明灯,引发了人们对于环境问题的关注,并提醒人们:资源是有限的,环境污染将会成为经济增长的瓶颈,并严重影响经济和人类社会的可持续发展。

随着各界人士环保意识的不断增强,各国政府相继出台各种环境法规对污染行为进行规制,企业也开始趋向于采纳绿色技术创新。环境规制工具于20世纪60年代出现,对其必要性的研究一直是该领域关注的焦点和重点。规制是对企业无节制的市场权力的一种限制,可纠正诸如污染之类的负外部性问题,政府采取干预和控制措施是必要的。通过环境规制提升企业绿色技术创新能力,促进产品和工艺创新,实现生态环境效益、社会效益和经济效益共赢。党的十八届三中全会的召开与2014年中央经济工作会议关于生态环境保护、"推动形成绿色低碳循环发展新方式"等一系列报告的出台,使生态环境治理问题在发展战略地位上得以巩固。此外,现如今中国进入全面建成小康社会的攻坚阶段,中共中央在十八届五中全会上明确提出了要牢固树立并贯彻落实创新发展、协调发展、开放发展、共享发展和绿色发展五大发展理念。"绿色发展"受到了空前的关注和重视,成为中国走可持续发展道路的又一个坚定助力。虽然在进行环境规制的情况下会实现共赢的局面,但由于政府与企业出于各自的效益考虑以及社会责任问题没有引起足够的重视,致使生态环境保护并没有很好地落实。依据国内外环保组织的调查,加工制造领域带来的污染问题正逐渐显现,不仅产生的大量废弃物对环境造成了影响,而且严重的重金属污染已威胁到人们的生命健康(闫逢柱等,2011)。制造业是高能耗产业,在生产过程中不仅需要大量不可再生资源的投入,而且会产生环境污染问题,对环境构成威胁。随着时间的推移,环境规制工具不断演化,政府环境规制强度也在不断变化。环境规制强度是否能促进制造业绿色技术创新?对这些问题的回答将有助于政府环境规制的实施以及制造业绿色技术创新能力的提升,也是促使我国走出"经济增长—环境恶化"的怪圈,并最终实现经济与环境协调发展的依据所在。

二、国内外研究综述

(一)环境规制研究综述

随着环境污染形势的日益严峻,近年来我国各级政府开始逐步放下 GDP 崇拜,积极实施严格的环境保护政策以解决严重的环境问题。但令人担忧的是,严格的环境规制可能会降低工业企业的绩效,影响工业的竞争力,因为传统经济学观点认为,政府的环境规制政策将会增加企业的治污和排污成本,侵蚀企业的生产性资源,从而降低企业的生产率和市场竞争力(Jorgenson,1999)。但哈佛大学教授波特(Porter,1995)却对上述观点提出了质疑,他通过案例分析发现,严格且适宜的环境规制将引导企业创新,部分甚至是完全抵消环境规制施加给企业的成本,进而能够提高企业的生产率和竞争力。这一观点被称为"波特假说"

(Porter hypothesis),即严格的环境规制能够实现环境质量改善和企业更具竞争力的"双赢"结果。但是"波特假说"具有区域环境适应性和行业差异性,在中西部发展较为落后的地区不适用,并且在研究环境规制对企业的作用时,也只是对中度污染行业、轻度污染行业的技术创新具有促进作用,而对于重度污染行业来说,影响作用不明显(任胜钢、胡兴,2016)。因此,从宏观层面看,生态环境先天不足、经济的刚性压力可能会使减排导向型环境政策压缩产业绩效和污染减排的双重空间;从微观层面看,企业发展也有可能因为减排型政策额外增加成本开支,从而影响企业的竞争力。因此,中国的环境政策需要实现保增长和减排放的双赢,而只有与行业特征相适应的环境规制强度才能真正解决环境政策的双重矛盾(韩晶、陈超凡,2014)。环境规制是工业化和时代进步的产物,是政府这只"看得见的手"迫于人类生存危机而采取的应对措施。环境规制政策一方面解决了环境污染问题,另一方面也可影响到企业技术创新的积极性及技术的扩散速度和深度,各国政府在制定环境规制政策时,逐渐开始重视生态环境与技术创新及经济发展的协调关系。技术创新作为经济持续增长的根本动力一直备受关注,各国也出台了多项扶持政策力促进其发展。但是,由于环境规制对企业的约束影响了技术创新,近些年两者的关系研究始终是业界的热点之一。

在环境规制方面,研究成果大多集中在规制工具等方面。严强(2014)把目前学界关于规制工具实质的理解归纳成三种观点:一是将规制工具理解为实现政府行为的机制。张成福和党秀云(2002)认为,规制工具就是指政府将其实质目标转化为具体行动的路径和机制,是政府治理的核心。没有规制工具,便无法实现政府的目标。陈庆云(2001)认为,规制工具是连接目标与结果的桥梁,是将规制目标转化为具体行动的路径和机制。二是将规制工具理解为政府推行政策的手段。迈克尔和拉米什(1988)认为,规制工具是政府赖以推行政策的手段,是政府在部署和贯彻政策时拥有的实际方法和手段。我国学者陈振明(1997)认为,规制工具是人们为解决某一社会问题或达成一定的政策目标而采用的具体方式和手段。三是将规制工具理解为实现政策目标的活动。布鲁金和霍芬(2004)认为,规制工具首先可以被看作是一种"目标",即"构成法律或者政府行政指令的整套指引和规则",另外还可以被界定为一种"活动",即规制工具是"政策活动的一种集合,它表明了一些类似的特征,关注的是对特定过程的影响和治理"。里格林（1999）把规制工具的概念描述如下："致力于影响和支配社会进步的具有共同特征的规制活动的集合。"

国外学者 Kjetil Telle（2007）认为，环境规制是以环境保护为目的，以行政法规、经济和市场多种手段相结合的一种约束性力量。李婉红（2013）依据环境规制工具的演变过程，指出环境规制工具包括命令—控制型、市场化型和相互沟通型三种。命令—控制型规制工具更多采用政府强制性行政命令的方式进行环境污染行为的规制，通过规定特定的排污量、强制安装排污设施甚至关停企业，促进企业实施能够达到排污水平的污染控制技术或设备，其具体措施包括市场准入、环境规制、禁令、配额等（张学刚，2010）。命令—控制型规制工具更能促进环境技术进步，并且通过排放标准和技术标准实现对环境污染的控制（李斌、彭星，2013）。市场化型规制工具通常利用市场信号而不是指定明确的污染控制水平来引导企业的排污行为与治理决策，使排污者通过对减污成本与减污收益的衡量，不断采用新的减污技术以获得最低边际成本，主要有减污许可证、执行债券、押金—返还制度、专项补贴等规制工具（吴晓青、洪尚群等，2003）。相互沟通型规制工具主要是利用公众与市场监督这种非传统的污染控制手段（Amacher G S，1998），这种规制工具需要政府拓宽环境信息的公开制度和渠道，并且完善公众与市场监督的体制机制（黄清煌，2016）。这三种环境规制工具的根本目的都是纠正环境治理中的负外部性等市场失效问题，进而使环境污染负外部性内在化，实现政府环境治理目标（托马斯·思德纳，2005）。"波特假说"理论将环境规制与技术创新纳入统一分析框架，揭示了环境规制在创新活动中的作用，拓展了研究范畴（Porter M E，1991）。

（二）绿色技术创新研究综述

学者们指出，在工业化进程中，随着全球能源消费量的不断增加，为减少温室气体的排放量，核心是要诱导绿色技术创新在企业内部进行研发、应用和扩散（Managi S，Hibiki A，Tsurumi T，2009）。随着技术创新水平的不断提升，技术创新将会成为企业发现新商机、占领市场以及创造财富的催化剂，因此，有战略眼光的企业家会看到未来社会中对环境需求的不断增加，从而会对技术创新进行投资以提高市场竞争能力（Walley N，Whitehead B，1994）。

在绿色技术方面，自 E Brawn 和 D Wield（1994）提出"绿色技术"概念以来，引发了学界的广泛讨论。E Brawn 和 D Wield（1994）指出，绿色技术是一种有利于改善环境质量的可靠性技术，也就是根据环境价值并利用现代科学技术全部潜力的无污染技术。绿色技术创新按其实施的技术应用对象可以分为绿色产品创新、绿色工艺创新、末端治理技术创新。其中，绿色产品创新是指在整个生命周期中，通过设计、研发与生产符合环保要求的绿色产品的创新；绿色工艺创新主要是指在生产过程中有利于减少污染的生产技术和工艺装备的创新；末端治理技术创新是指在生产的最后环节消除生产过程中产生的污染的技术、设备的创新（杨发明、魏江，1998）。

Magat（1978）认为，绿色技术的主要目的是避免、减轻环境污染和破坏。李垣和焦俊（2011）认为，绿色技术创新与传统创新的不同之处在于前者属于生态创新模式。从研究中发现，绿色技术的主要判断标准是该技术与生态是否相关。张钢等（2014）认为，实施绿色创新战略成为大部分企业的共识。国外学者 Helen Walker 和 Lutz Preuss（2008）研究认为，绿色技术创新是包括污染控制和预防技术、废弃物循环利用、清洁产品生产等的创新。在绿色创新能力概念及构成方面，毕克新等（2014）认为，绿色创新能力由绿色研发能力、绿色制造能力和绿色产品市场开拓能力构成。

绿色技术创新是企业提升自身竞争优势和可持续发展能力的关键。环境规制改变企业绿色技术创新的市场供给和需求变化，进而影响企业的绿色技术创新动态行为反应。环境规制下的企业绿色技术创新是多因素的驱动整合、协同互动和动态演化的过程。关于绿色技术创新驱动因素的研究有如下三个视角：

第一，基于制度理论的外部驱动因素。制度是如何影响企业决策的呢？总体而言，一种方式是制度对企业产生压力，即制度压力；另一种方式是制度对企业产生的支持作用，即制度支持（Guo H，Xu E et al.，2014）。企业之所以实行节能减排措施，是其绿色技术创新能力和环境规制的严厉程度决定的。然而，现有研究主要强调制度压力对绿色技术创新的推动，实际上在国家、地方政府和非政府组织的绿色制度的完善过程中，除了强调压力，政府及相关组织的制度支持也越来越多。制度支持指的是管理部门为企业提供政策、资金和信息等方面的支持（龚丽敏，2013）。张天悦（2014）指出，绿色创新导向的环境规制是为推进企业乃至全社会的绿色创新活动而采取的一系列与环境规制有关的政策法规集合。然而，不同的技术创新主体具有不同的制度压力。例如，国家通过法律和规制提高企业的环境保护意识，进而促进企业的环境保护行为，而对于企业，单纯就利益而言，制度压力来源于消费者的市场需求和标准（杨东等，2007）。基于396家化工、汽车和电子制造企业的实证研究，Zhu（2013）等认为，制度压力（规制、规范和认知）会促进内部绿色管理实践（绿色设计、内部环境管理和绿色产品补贴）行为，而负向影响外部绿色供应链管理（顾客合作）。李怡娜和叶飞（2011）以广东省珠三角地区148家制造型企业为研究对象，利用结构方程模型对企业绿色环保创新实践的制度压力及其实施效益进行实证研究，研究发现：强制性的政府环境法律法规和竞争压力对企业绿色环保实践有显著的正向影响，而激励性的政府环境法律法规和客户环保压力对企业绿色环保实践的影响并不显著。综上所述，在短期来看，严厉的环境规制削弱了企业的技术创新，增加了企业治理环境所产生的成本，但是从长期来看，适当的环境规制可以促进企业的进步，有利于企业的技术提升和技术扩散，从而弥补企业进行环境规制的"创新补偿"。

第二，基于市场理论的外部驱动因素。一方面，利用市场机制解决环境问题已经逐渐成为各国的共识，如排污权交易、能源合同管理、碳排放权交易、环境税、绿证交易等，都是通过经济利益和社会效益这两个杠杆，调动企业和社会相关群体的积极性，从而降低减排成本、增强企业绿色竞争力，最终达到改善生态环境、促进经济可持续发展的目的。并且，在环境资源新常态下的市场价格机制下，要求环境资源产品和服务完全按照市场规则进行交易，因此，如何确定环境资源与环境资源产品和服务的界限，对于形成优质的环境资源、高效的环境资源产品和服务交易市场具有重要意义。另一方面，基于环境—市场理论，除了降低环境污染的公共收益，绿色产品还可能为顾客带来私人收益。Cleff和Rennings（1999）认为，市场也是推动绿色技术创新的重要因素。如果产品除了降低环境污染，还可以为顾客创造附加价值，那么消费者就愿意支付较高的价格购买绿色产品，如绿色食品和婴儿玩具。因此，顾客收益也是决定企业进行绿色技术创新的重要原因（Kammerer D，2009）。此外，潜在的绿色市场和低成本的能源需求也是导致企业进行绿色技术创新的重要因素（Horbach J et al.，2012）。齐国友和曾赛星（2013）等基于1268个企业（大部分制造企业）的实证研究表明：国外顾客的要求会促进绿色产品创新和绿色过程创新。环境—市场理论的实质就是通过创建、利用市场，恢复价格机制，充分利用价格机制解决人类面临的环境问题，因此，环境—市场理论也称作环境治理的市场理论。

第三，企业内部因素对绿色技术创新的影响。基于自然资源基础理论视角，企业内部的组织要素是企业的绿色资源，是企业进行绿色技术创新从而构建持续竞争优势的基础。影响企业绿色技术创新的内部要素主要包括绿色导向、绿色技术能力等。绿色导向指的是企业对于环境保护的管理、认知过程，分为内部绿色导向和外部绿色导向（Banerjee S B，2001）。内部绿色导向指的是企业对于环境保护承诺的内部价值和伦理标准。企业内部绿色导向主要包括企业的绿色目标、企业的绿色文化和企业对实行绿色技术创新所投入的资源等。内部绿色导向是一种建立环境保护政策和程序的企业文化的过程，体现在可持续发展信息报告及对员工的环境培训。外部绿色导向是满足外部利益相关者环境需求的认知过程。张钢（2014）的案例研究表明，预期经济收益会正向影响绿色技术创新，而冗余资源以及利益相关者的压力会调节两者的关系。贾军和张伟（2014）基于对二手数据的研究指出，绿色技术知识存量会显著促进绿色技术的研发。隋俊（2015）指出，企业的绿色社会资本和绿色创新系统吸收能力在跨国公司技术转移对我国制造业绿色创新系统绿色创新绩效影响的过程中均产生了积极的作用。外部绿色导向还可以通过政府利用不同的工具对企业实行环境规制来体现。

（三）政府环境规制与制造业绿色技术创新博弈分析的相关研究

现有关于环境规制与绿色技术创新的研究主要集中于"波特假说"的存在性验证。"波特假说"可这样概述：适当的环境规制可以促进企业的技术革新，进而提高企业生产力并取得竞争优势。学者们对"波特假说"的存在性检验较多,但检验结果却不尽相同。环境规制条件下,政府与企业通过博弈过程,选择相应的策略来实现各自效益的最大化。张倩和曲世友(2013)研究了政府实施排污税环境规制下企业与政府的博弈关系,指出监管强度并不能直接影响企业的排污水平。但是,李婉红(2015)依据"谁污染谁付费"的原则将排污费制度作为绿色技术创新的驱动要素,并且认为实行排污费制度不仅抑制了污染物的排放,也进一步促进了企业进行绿色技术创新,从而使企业减少污染。卢方元(2007)用演化博弈论的方法对环保部门与产污企业间相互作用时的策略选择行为进行了分析,指出要确保环境不被严重污染,就必须对不处理污染物的企业进行严惩,降低不处理污染物的预期收益。张学刚和钟茂初(2011)在引入政府政治成本与企业声誉成本的基础上运用博弈论方法分析了政府环境监管与企业污染治理的互动决策。潘峰等(2015)指出,地方政府政绩考核体系中环境质量指标的权重系数与经济发展指标的权重系数、环境规制执行成本、中央政府对地方政府的处罚额、排污收费费率、排污企业的治污成本与污染物削减量,都会对地方政府的环境规制策略产生影响。徐建中和徐莹莹(2015)的研究表明,只有当政府监督成本和投入补贴总额小于碳税税收且企业选择采纳与不采纳两种策略的收益差大于实际投入时,企业才会选择采纳的稳定状态。

(四)环境规制对绿色技术创新影响的研究综述

在政府环境规制与制造业绿色技术创新的战略决策行为方面,主要应用演化博弈论进行分析。在环境规制对绿色技术创新影响方面,主要存在三种观点:正面效应、负面效应(Chintrakarn P,2008)和不确定性。

在正面效应研究方面,Cole等(2010)指出,拥有严厉规制法律的国家与其他国家相比具有更广的创新途径与更大的可能性,因此,环境规制对技术创新具有正向的影响。环境规制并不会妨碍创新,相反,对技术创新会产生积极的影响。Lanjouw和Mody(1996)利用环境保护支出和环境技术专利的数据对环境成本增加与环境技术专利数量的关系进行定量研究,发现环境专利的数量会随着环境成本的增加而相应提高。部分国内外学者从理论角度验证了"波特假说"的内在逻辑性与实践可行性。Managi（2009）认为，在全球能源消费量增长的背景下，减少温室气体排放的关键举措就是不断开发、应用并扩散技术创新。Cole（2010）通过比较不同程度环境规制下国家间创新概率的高低验证了环境规制对技术创新的促进作用。沈能和刘凤朝（2012）认为，环境规制对技术创新的作用始终是促进的，但是要基于一定的环境规制强度门槛条件，且GDP跨越的门槛水平越高，环境规制对技术创新的促进作用越明显。但有的学者也指出环境规制对技术创新能力具有显著的长短期促进效应，并存在明显的行业异质性（李阳、党兴华，2014）。Jaffe和Palmer（1997）利用美国制造业1975～1991年的有关数据，考察了环境规制对R&D支出和专利申请数量的影响，结果显示，污染治理成本与R&D支出存在显著的正相关关系，但与专利申请数量关系不显著。Brunner Meier和Cohen（2003）运用面板数据，实证分析了美国146个制造业1983～1992年环境规制与产业技术创新之间的关系，结果表明，污染治理成本与环境专利间存在较小但统计显著的正相关关系。Berman和Bui（2001）考察了1982～1992年空气质量规制对洛杉矶地区石油冶炼业生产率的影响，研究发现，受规制企业的全要素生产率在样本期间有较大的升幅，但同期没有受规制企业的生产率是趋于下降的。

在负面效应研究方面，Palmer和Portney（1995）认为，在标准的新古典经济学分析框架下，企业出于利润最大化的动机而做出各种决策，因此不需要政府帮助。而且一些实证研究指出，环境规制与绿色技术创新之间存在着负相关关系。Dean和Brown（1995）以瑞典的造纸和纸浆产业为样本展开研究，结果表明，严格的环境规制会使被规制的企业生产成本增加、市场竞争力变弱。Kemp和Pontoglio（2011）认为，环境规制将迫使企业购买相关的污染控制设备，这些设备需要企业支付相应的人力资本，从而导致生产成本的增加，生产成本的增加将会使企业的市场竞争力下降，进而使产出也降低。生产成本的增加也会引起资金转移，如解垩（2008）指出，企业在一定的资金水平下，对减少污染增加相应的投资有可能会使其他有前景的项目缺乏资金。Gray等（1987）以生产力作为技术创新产出的衡量指标对美国的环境规制与技术创新的关系进行了实证检验，并认为"波特假说"不成立。造成这种现象的主要原因是学者们验证

"波特假说"的侧重点不同。支持"波特假说"的学者普遍验证了环境规制对技术创新的诱发作用及其对环境绩效的提升，忽略了企业能否在环境规制下取得竞争优势的问题。而反对"波特假说"的学者侧重于从经济角度探究环境规制下企业竞争力的变化，更加关注经济效益。Denison（1981）考察了美国1972~1975年生产率的变化，认为环境规制政策导致美国生产率下降了16%。Gollop和Robert（1983）对美国1973~1979年的二氧化硫排放限制政策效果进行了分析，发现环境规制的实施使电力企业使用部分低硫煤作为替代能源，导致电力产业生产率下降了0.59%。Jorgenson和Wilcoxen（1990）分别比较了不实施环境规制与实施规制对美国经济增长的影响，结果表明，环境规制政策使GNP下降了2.59%，受影响最大的是石油化工、黑色金属以及纸浆和造纸产业。Barbera和Mc Connell（1990）研究发现，1960~1980年美国钢铁、化工、造纸、有色金属等产业10%~30%的生产率下降可归于污染治理投资。

在长期影响不确定性方面，相关研究成果也较多，学者认为环境规制对技术创新的影响具有不确定性，环境规制对技术创新的效应存在一个阈值拐点。Darnal等（2008）认为，由于企业具有异质性，不可能都遵循同一行为规则，因而不是所有的环境规制都能促使企业进行绿色技术创新，也不是所有的绿色技术创新都来自环境规制的影响。李璇（2017）基于供给侧改革的理论研究了环境规制对企业绿色创新能力的作用机制，结果表明，绿色技术创新具有路径依赖性，环境规制在研发投入的调节作用下对绿色创新能力的作用呈现截然相反的两种结果。Repetto（2008）的研究指出，由于随机因素和时间因素的影响，企业在环境规制作用下的技术创新与扩散有很大程度的不确定性。所谓的先动优势会随着时间的推移、技术的传播而稀释或者丧失，因此企业必须在动态发展中不断创新，才能在环境规制下获得持续竞争优势（T Daddi，F Traldo et al.，2010）。Lanoie、Patry（2001）和Lajeunesse（2001）实证分析了环境规制对加拿大魁北克地区17个制造业企业生产率的影响，结果发现，环境规制对产业生产率在短期内有负向作用，但长期来看具有显著的促进作用。此外，环境规制对绿色技术创新的刺激具有阈值效应，即存在一个阈值拐点，在拐点之前，绿色技术创新的阻力十分巨大，环境规制对积极效应的刺激力不足以抵消这种阻力的影响，因此对绿色技术创新和扩散的促进作用不大，在拐点之后环境规制的作用才逐渐显现

(胡鞍钢等，2008；白雪洁等，2009）。但有的学者也认为，环境规制对绿色技术创新的影响并不局限于阈值拐点，且认为是否考虑控制变量是环境规制对绿色技术创新具有正向或者负向作用的主要因素（李婉红、毕克新等，2013）。还有一部分学者从环境规制工具的角度探讨技术创新的影响因素，最后发现，控制型工具和市场型工具对技术创新具有促进作用，而隐性环境规制工具对技术创新有明显的抑制作用（王小宁等，2014）。董颖（2013）也指出，环境政策对绿色创新具有正向或负向的作用，影响的作用方向和强度取决于环境政策的类型、绿色创新的类型、绿色创新的不同阶段以及管制对象本身的一些特性。企业的技术创新不只是受环境规制的影响，针对技术创新的政府补贴在世界各地都比较普遍，所以在环境规制对企业技术创新影响的研究中不应忽视政府补贴的作用。目前，对于政策影响机制分析的一个趋势是多政策的交叉综合研究。环境规制和政府补贴对企业技术创新耦合影响分析将是该领域亟待关注的重点之一。Conrad 和 Wast (1995) 考察了德国 1975 ~ 1991 年环境规制对 10 个重污染产业生产率的影响，研究发现，环境规制政策对产业生产率的正面效应很小，使一部分产业生产率降低。Boyd 和 Mc Clelland（1999）研究了美国 1988 ~ 1992 年环境规制对纸浆和造纸业生产率的影响，结果显示，环境规制政策的产出增加和产出损失效应并存。Alpay、Buccola 和 Kerkvliet（2002）考察了 1971 ~ 1994 年环境规制对美国和墨西哥食品加工业生产率和利润率的影响，发现环境规制对墨西哥食品加工业生产率的影响为正、利润率的影响为负，但是环境规制对美国食品加工业生产率的影响为负，对利润率的影响不显著。

（五）研究述评

综上所述，国内外学者关于环境规制对企业绿色技术创新能力的影响研究主要集中于两方面。一方面是关于环境规制与制造业绿色技术创新的博弈研究，主要基于 Von Neumann 和 Morgestern（1953）建立的期望效用理论（EU 理论）范式进行演化博弈求解，由于 EU 理论存在缺陷及其本身没有包含反映不确定性条件的任何因素，因此相关研究未能很好地反映政府与制造业的战略决策交互影响。EU 理论中的效用函数是用来描述确定性价值给经济人带来的满足程度的工具,如果完全用它来反映经济人在不确定性条件下的风险态度(如悲观态度或乐观态度)及其程度,显得较为牵强(熊国强等,2015)。本文将依据Quiggin(1982)提出的秩依期望效用理论建立博弈模型,分析和研究政府环境规制对制造业绿色技术创新战略决策的影响。另一方面是环境规制对企业绿色技术创新能力的实证研究,但未取得一致性研究,既有的关于环境规制对制造业绿色技术创新的定量研究未能考虑我国东、中、西部区域差异的影响,由于样本数据不具有同质性,因此分析未能很好地解释环境规制强度对制造业绿色技术创新的影响。有关环境规制与企业绿色技术创新之间的研究结论还存在一定的争议。我国对此领域的研究起步较晚,目前主要有以下不足:第一,环境规制政策和强度的差异对企业绿色技术创新影响的规范研究较少,大多在一定的假设前提下收集部分数据开展实证分析,由于受数据的可靠性、方法的严谨性等方面的影响,研究结论的说服力不强;第二,大多研究指出了不同环境规制政策的特点,但未能从政策制定和强度设计方面提出有效的改进建议。

基于行业特征差异与地区特征差异的角度,本文以陕西省制造业为研究对象,分析了环境规制强度对陕西省制造业绿色技术创新的影响。

三、研究意义

中国作为世界第二大能源生产国和消费国、第二大二氧化碳排放国,高度重视全球气候变化问题。我国环保部等三部委发布的《第一次全国污染源普查公报》显示,2007年我国废气排放总量为637203.69亿立方米,居前七位的行业均为制造业行业,分别是造纸及纸制品业、纺织业、农副食品加工业、化学原料及化学制品制造业、饮料制造业、食品制造业、医药制造业,这说明制造业在我国温室气体排放中占有相当大的比重,同时说明制造业消耗大量的有限资源,可见制造业在低碳经济中具有重要的地位与作用。低碳经济发展对我国制造业提出了更高的要求——低碳技术创新和绿色技术创新,但低碳技术和绿色技术的创新、发展、扩散和大规模应用需要相应的制度和政策创新的支持,因此,制造业绿色技术创新推进的关键是构建制造业绿色创新体系。此外,"后金融危机"时代呼唤我国发展循环经济、绿色经济和低碳经济,现实需要制造业创新体系的构建。在此背景下,该研究对于加速推进制造业以节能降耗为重点的绿色技术创新,推动制造业产业创新体系的重构和产业升级,走特色的新型工业化道路具有重要的理论意义和现实意义。

(一)理论意义

第一,丰富环境规制对制造业绿色技术创新影响的理论研究。环境规制对绿色技术创新的影响对于改善生态环境、提升企业的经济绩效水平、增加社会绩效和综合福利、推动可持续发展具有重要的战略意义。近年来,越来越多的社会监管部门对环境的关注导致不断增加的产业部门把绿色主题作为技术战略转变的主要来源,这种趋势对产品创新和工艺创新的影响尤为重大。但目前绿色产品创新和绿色工艺创新的理论系统还尚未建立,因此,本书将丰富和完善绿色技术创新的理论体系。关于环境规制与企业绿色技术创新能力的研究,不少学者都只是通过演化博弈的方法分析环境规制与企业绿色技术创新的交互影响,而本文在政府环境规制工具多样化与市场环境不确定的情况下,基于非线性决策权重研究政府与企业的战略决策交互影响,进一步丰富和拓展环境规制与制造业绿色技术创新的博弈研究,这对经济发展过程中正确认识环境规制在企业绿色技术创新中的作用具有重要的理论意义。

第二,低碳经济下对创新的要求顺应了工业经济向知识经济转变的时代需要,尤其是绿色创新必将成为促进制造业转型与可持续发展的助推器,同时创新体系中知识的有效流动是促进创新成功的关键。但有关制造业绿色创新体系以及知识流动的研究甚少,以此为着眼点,本书拟构建基于低碳经济的我国制造业绿色创新体系,并对知识流动进行研究,这将是创新系统理论和知识流动的有益补充。

第三,实证研究环境规制对陕西省制造业绿色技术创新的影响。由于环境规制在增加企业治污成本的同时,也能通过相应的机理影响企业技术创新的生产及其经济效应,关于环境规制对企业绿色技术创新能力的影响,在实证研究方面尚未取得一致性的结论,因此,基于行业特征差异与地区特征差异视角,本书以陕西省制造业为例,通过研究环境规制强度对陕西省绿色技术创新能力的影响,分析环境规制与陕西省制造业绿色技术创新现状,为陕西省制造业绿色技术创新的进一步研究提供理论分析框架。这对政府在经济转型期,通过政策调整最大限度地发挥环境规制对陕西省制造业绿色技术创新的激励作用提供了参考依据和技术支撑,具有重要的理论价值。

(二) 现实意义

第一,揭示政府环境规制与企业绿色技术创新的发展演变过程。陕西省地处西北内陆,相较于沿海地区不足的是交通条件、市场开放程度等,优势是陕西省是教育大省,拥有众多综合实力、科研水平较高的高校,区域技术创新的基础比较浓厚。如何利用陕西省比较优越的科技实力与资本水平,引导陕西省制造业企业进行绿色技术创新,提升企业创新水平,是值得关注的重要问题。本书试图通过构建环境规制与企业绿色技术创新的博弈模型,揭示政府环境规制对企业绿色技术创新的影响机理。

第二,为陕西省及地方制造业的可持续发展提供理论依据。制造业是我国最大的产业,近年来发展迅猛,但背后也暗藏着"大而不强"的隐忧。如何树立低碳意识,以"中国设计"重塑"中国制造",甚至是"中国智造",实现中国制造业的"由大变强",成为摆在我国制造业面前的一个严峻课题。解决问题的关键就是制造业的绿色创新。我国制造业在为国民经济创造丰富财富的同时,又大量消耗有限资源,造成环境污染。因此,本书将为我国制造业在低碳经济中抓住机遇、迎接挑战提供强大的理论支撑。低碳经济要求用尽量少的能源消费和二氧化碳排放保证经济社会的持续发展,对我国及制造业的要求就是节能减排,而节能减排则需要技术创新、制度创新及市场创新等。本书可为我国制造业贯彻落实科学发展观、建设生态文明、实现可持续发展提供指导和参考。

第三,研究成果也为相关部门的政策制定提供理论支持。以陕西省制造业为例,探究环境规制对企业绿色技术创新能力的影响,其研究成果为制造业升级换代提供理论基础,也为我国相关部门的政策制定提供理论支持。

历史经验表明,危机和机遇并存,百年不遇的金融危机冲击了各国经济,但也推动了全球经济增长模式及产业结构新一轮的调整、升级,催生了应对气候变化的低碳技术创新。本书将建立基于低碳经济的制造业绿色技术创新能力体系理论框架,深入分析制造业绿色创新体系的动力机制、组织机制、调控机制和扩散机制,这有助于完善技术创新系统,为制造业绿色创新体系的建立和有效运行提供理论依据。

四、研究方法

本书主要运用区域经济学、博弈论、计量经济学等学科的基本理论与分析方法,具体包括:

第一,本书的第一章绪论、第二章概念界定和理论基础采用了文献分析法,第三章陕西省制造业绿色技术创新的现状及存在的问题采用了问卷调查法。通过查阅国内外出版、发表的有关环境规制、技术创新、绿色技术创新及环境规制与绿色技术创新两者关系的研究成果,深入学习的基础之上对其进行充分的分析和整理,构建环境规制对陕西省制造业绿色技术创新能力影响研究的框架。对于文献无法满足研究需要的部分,如陕西省制造业绿色技术创新存在的问题,从实际出发采取问卷调查法,使研究在丰富理论的基础上更加与实际情况相联系。

第二,本书的第四章政府环境规制与企业绿色技术创新博弈分析采用了博弈论方法。政府环境规制的变化是一个动态调整的过程,与此同时,制造业企业绿色技术创新能力的提升也是动态发展变化的。随着经济发展水平的不断提高与环境污染的日趋恶化,政府对制造业绿色技术创新能力的要求越来越高。自改革开放以来,经济发展水平经历了不同的发展阶段,对应的是政府环境规制与企业绿色技术创新能力的发展演变,因此要用博弈论的方法分析政府环境规制对企业绿色技术创新能力的影响。

第三,本书的第五章采用规范分析与实证分析相结合的方法。本书采用区域经济学、博弈论、计量经济学等学科的基本理论与分析方法，从理论基础和经济规律出发进行规范分析。以陕西省制造业为例，用因子分析方法对环境规制强度进行测量。陕西省制造业绿色技术创新能力包括基于科研产出的绿色技术创新能力和基于成果转化的绿色技术创新能力，本书分别实证分析与检验了政府环境规制强度对基于科研产出的绿色技术创新能力的影响和对基于成果转化的绿色技术创新能力的影响。

五、研究内容与技术路线

本书的主要研究内容有以下几个方面：

第一，文献的梳理和分析。关于环境规制对企业绿色技术创新能力的影响研究比较丰富，部分学者使用的研究方法或者研究对象不同，得出的结果也存在差异。本书通过对国内外相关文献的通读与分析，掌握了国内外学者针对不同研究对象所使用的研究方法以及得出结论的特殊性，为接下来进行实证分析奠定了基础。关于环境规制与企业绿色技术创新的博弈研究方法主要集中于演化博弈，而有关考虑非线性决策权重下环境规制与企业绿色技术创新的秩依期望博弈研究较少。秩依期望效用理论方法已经应用于很多研究，本书介绍秩依期望效用博弈理论，旨在以后的工作中进行有针对性的弥补。这部分研究内容主要体现在本书第一章与第二章。

第二，分析陕西省制造业绿色技术创新的现状及存在的问题。在现有的研究成果中，关于陕西省制造业绿色技术创新的现状及存在的问题的研究文献不是很丰富。本书搜集了《陕西统计年鉴》《中国科技统计年鉴》和《中国环境统计年鉴》中的相关指标数据以及通过邮件及问卷星等电子工具向陕西省制造业企业员工发放电子版调查问卷，更加深刻认识了陕西省制造业绿色技术创新的现状及存在的问题，从而对之后的博弈分析和实证结果分析能够进行最贴合实际的解释，在本书的最终政策部分也能给出更加有针对性的建议。这部分研究内容主要体现在第三章。

第一章 绪论

第三,秩依期望效用理论下政府环境规制与制造业绿色技术创新的博弈分析。本书对先前学者关于环境规制与企业绿色技术创新的博弈研究进行了总结,分析了绿色技术创新的影响要素。在环境规制工具多样化与市场环境不确定的情况下,借用秩依期望效用理论,引入情绪函数反映参与者对预期的态度,通过构建政府环境规制与制造业绿色技术创新的博弈模型,讨论在不同情绪状态下的博弈纳什均衡存在性,分析在非线性决策权重下政府对制造业绿色技术创新战略决策的影响,以及参与者情绪因素对均衡解的影响规律,以此揭示政府环境规制对制造业绿色技术创新能力影响的发展过程。这部分内容体现在第四章。

第四,环境规制对陕西省制造业绿色技术创新能力的实证研究。本书对先前学者关于环境规制对企业绿色技术创新能力的实证研究进行了总结,决定使用环境规制强度来反映政府环境规制政策、工具的变化与发展,通过因子分析方法得出环境规制强度的具体数值;对陕西省制造业绿色技术能力从基于科研产出的绿色技术创新能力和基于成果转化的绿色技术创新能力两个角度进行刻画。本书分别进行了环境规制强度对基于科研产出的绿色技术创新能力影响和对基于成果转化的绿色技术创新能力影响的实证研究。这部分内容主要体现在第五章。

第五,提出陕西省制造业绿色技术创新能力的相关建议。根据博弈分析结果、实证研究结果以及陕西省的具体情况,提出一些有针对性的建议。这部分内容体现在第六章。

第六,主要研究结论及需要进一步研究的内容。通过对国内外研究的整体把握,提炼出本书的研究结论,提出在研究过程中遇到的一些问题以及一些新的思路和想法,以待进一步深入研究。这部分内容体现在第七章。

本书的研究技术路线如图1-1所示。

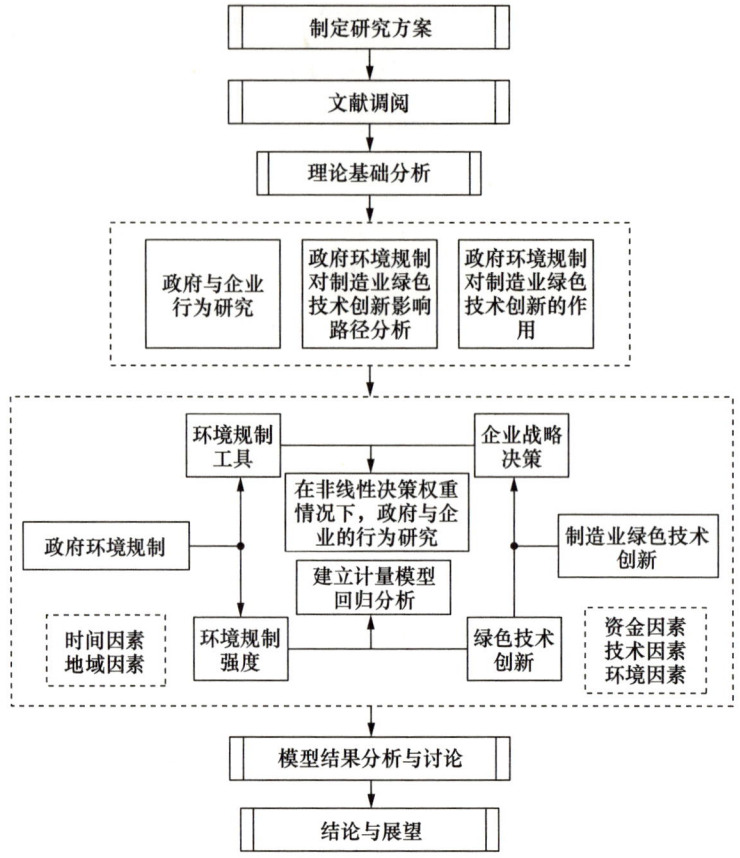

图1-1 技术路线

六、可能的创新之处

本书探讨了环境规制对陕西省制造业绿色技术创新能力的影响,先通过构建政府环境规制与制造业绿色技术创新的博弈模型,再以陕西省制造业为例,实证分析环境规制对制造业绿色技术创新能力的影响。在之前学者研究的基础上,本书有以下几个方面的创新:

其一，之前学者对环境规制与企业绿色技术创新能力博弈的研究主要应用的是演化博弈分析方法，但由于政府环境规制工具多样化与市场环境不确定情况的影响，未能深刻且全面地刻画政府环境规制对企业绿色技术创新能力战略决策的影响。本书以秩依期望效用理论为基础，研究在非线性决策权重下政府环境规制战略决策对企业绿色技术创新战略决策的影响，研究结论包含演化博弈理论下的结论，因此，本书进一步丰富和拓展了政府环境规制战略决策对制造业绿色技术创新能力战略决策影响的研究。

其二，环境规制强度的度量比较复杂，之前学者在研究环境规制强度时，大多采用二氧化硫或者三废的排放量作为环境规制的代理变量，但是二氧化硫等的排放量只是环境规制强度的一个方面，因此不能全面刻画环境规制强度。本书通过建立六个指标评价体系来对环境规制强度进行综合测算，使用最终的数据代表环境规制强度来进行实证分析。

其三，国内学者关于环境规制对制造业绿色技术创新能力的实证研究主要集中于宏观层面，主要是对国家的整体分析，且实证研究结论不统一。本书在以往学者研究的基础之上，基于行业特征差异与地区特征差异视角，以陕西省制造业为例，深入分析环境规制强度对陕西省制造业绿色技术创新能力的影响。

第二章
概念界定和理论基础

一、概念界定

(一) 环境规制概念界定

规制（Regulation）也称"政府管制"（Government Regulation），它作为一种社会管理的方式，存在于极端的政府所有制和自由放任的市场之间。不同的学者对规制内涵和外延的理解存在一定的差异。例如，日本学者植草益（1992）把规制界定为社会公共机构根据一定的规则对构成特定社会的个人和构成特定经济关系的经济主体的活动进行限制的行为。王文普（2012）认为，环境规制是政府为保护环境而采取的对经济活动具有影响力的一系列措施。于文超（2013）将环境规制界定为政府为实现环境保护与经济增长的"双赢"，通过制定相应政策与措施（如环境政策、法律制度等），对经济活动主体的行为进行调节规范，同时对环境污染行为进行禁止和限制的管理活动。丹尼尔·F. 史普博（1999）则认为，规制是由行政机关制定并执行的直接干预市场机制或间接改变企业和消费者供需决策的一般规则或特殊行为。王俊豪（2001）综合各位学者对规制概念的探讨、归纳，得出了规制的三个共性特征：规制的主体是社会公共机构和政府行政机关；规制的客体是各种经济主体，主要是企业；规制的主要手段是凭借政府权威来制定和实施的各种规则或制度。依照规制对象性质的不同，规制通常分为经济性规制与社会性规制两大部分。经济性规制主要以自然垄断领域或存在严重的信息不对称领域为研究范畴，通常以某个具体产业为主要研究对象。社会性规制的主要研究领域涉及环境保护、卫生健康和安全等方面，同经济性规制相比较，社会性规制并不是以特定产业作为研究对象的，而是围绕着如何达到一定的社会目标，实现跨产业全方位的规制展开。其中，在社会性规制的研究中，外部性理论和信息不对称理论是基本的理论基础，研究内容主要包括对环境污染的规制、对卫生健康的规制、对产品质量的规制以及对工作场所安全的规制等。

最直观的环境规制是政府出台的一些技术标准。例如，规定设备的使用、技术的引进、排放的废弃物种类和数量，再通过排污权、排污费等手段多方位地补充调节不同环保成本在企业间的分配，尽量减少环境规制给生产带来的负面影响，同时实现更有效的规制。技术创新是可以给企业带来收益的一项投资，但由于技术知识普遍存在外溢性和风险性，创新行为多在制度完善、市场发达的国家比较活跃。劳动力廉价、环境规制较松的地区往往创新乏力，政府惯常使用项目资助、税收减免或绿色采购等手段给予引导和支持。以往文献多是集中在环境规制与技术创新或者政府补贴与技术创新的单层关系上，关于环境规制、政府补贴对企业技术创新耦合影响的研究并不多。较具代表性的有：何小钢对绿色技术创新进行了研究，他提出理论模型来分析公共政策对绿色技术创新的诱发过程，认为企业的技术创新活动可以通过研发补贴更好地适应环境规制；孙伟等运用博弈论方法构建了线性模型，讨论了31个省份的人力投入、企业资金投入、政府投入和环境规制的专利产出弹性，提出了环境规制和政府投入可促使企业技术创新的观点；江炎骏等通过中国2007~2012年省级面板数据，采用线性模型研究了31个省份的政府干预在环境规制与技术创新关系中的调节作用，其中政府干预由市场化指数表示，结果显示政府干预程度的强弱与环境规制创新效应的强弱成反向关系。

环境规制属于社会性规制的范畴，主要源于环境污染所导致的外部性，政府通过制定相应的政策与措施对厂商的经济活动进行直接或间接调节，以达到保护环境和实现经济发展的目标（熊鹰、徐翔，2007）。学术界对环境规制含义的理解存在一个不断认知的过程。人们初期认为，环境规制是政府非市场途径对环境资源利用的直接干预，内容包括禁令、非市场转让性的许可证制等，典型特征为环境标准的制定及执行均由政府行政当局一手操办，市场和企业在严格的行政管制中没有活动余地。之后，环境税、补贴、押金退款、经济刺激的运用使人们发现，这些手段具有环境规制的功能。于是，人们对环境规制的含义进行修正，概括为政府对环境资源利用直接或间接的干预，外延上除行政法规外，还包括经济手段和利用市场机制政策等。即便如此，环境规制的含义似乎仍不完美。20世纪90年代以来，生态标签、环境认证、自愿协议的实施，使人们再次遭遇困惑，学者们进行反思和探讨，环境规制的含义最终再次被修正，外延上，除命令—控制型环境规制和基于市场的激励性环境规制外，又增加了自愿性环境规制。赵玉民等（2009）从提出主体、手段、对象、目标和性质五个维度对环境规制进行了界定和拓展，并据此将环境规制划分为隐性环境规制与显性环境规制两类。其中，隐性环境规制主要指内在于个体的环保意识、环保态度和环保观念等，而显性环境规制又可划分为命令—控制型环境规制、基于市场的激励性环境规制与自愿性环境规制三种。以上四种环境规制产生的时期不尽一致，相应地，在运行成本与对技术创新效率激励方面的影响也不尽相同：命令—控制型环境规制与基于市场的激励性环境规制运行成本较高，而隐性环境规制与自愿性环境规制的运行成本相对较低；命令—控制型环境规制对企业技术创新的激励作用较小，而其他三种环境规制对企业技术创新的激励作用较大。

在环境污染治理问题的探讨上，国外文献中环境政策与环境规制这两个概念交互出现的频率较高，且差别不大，但在国内，两者包含的内容差异性较大，其中，前者涵盖的范围较广，既包括国外环境政策也包括国内环境政策，而后者只是国内环境政策的一个组成部分。考虑到与本书研究主题的相关性，本书借鉴董敏杰（2011）关于环境政策与环境规制概念的区分，将环境规制内涵界定为政府依法对企业新增污染物所进行的直接或间接的治理与控制。

（二）低碳经济相关概念

继"可持续发展"理念成为全球的共识之后，低碳经济日益成为未来社会发展的趋势。工业文明的发展，虽然给人类带来物质的福祉，但同时也引发了一系列的生态环境问题。低碳经济思想的提出源于对世界环境资源承载能力的担忧，资源与能源的有限及全球气候的变化成为推动低碳经济发展的现实原因。低碳经济由传统的以高能耗、高污染、高排放为特征的经济发展模式向低能耗、低污染、低排放的经济发展模式转变，要求传统能源结构与产业模式的转变以控制碳排放为指向、以追求绿色GDP的增长为最终目标。这种低碳经济模式需要相应环节的配套转变，对技术创新、制度创新、产业模式、生活方式、消费理念等都提出了更高的要求。低碳经济追求经济效益、生态效益与社会效益的和谐统一。2003年，英国在其能源白皮书《我们能源的未来：创建低碳经济》中首次提出"低碳经济"的概念，之后世界各国对低碳经济的认识和实践不断加深。学术界认为低碳经济是一种后工业化社会出现的经济形态，其核心是低温室气体排放，且认为低碳经济是能够在满足能源、环境和气候变化挑战的前提下实现可持续发展的唯一途径。20世纪90年代，联合国政府间气候变化专门委员会先后发表了4份全球气候评估报告，向人类警示了由于气温升高带来的危险。遏制全球气候暖化，削减二氧化碳排放量，已成为世界各国的共识。从1997年的《京都议定书》到2007年的《巴厘岛路线图》，各国都在积极探寻如何有效地实现碳减排，低碳经济发展模式成为世界经济发展的趋势。我国已处于工业化和城市化发展阶段，在国际分工的背景下，我国正在变成"世界工厂"，贡献了世界GDP的5%，按照购买力平价是14.5%。国际能源署指出，我国的主要能源需求到2030年将达到3819Mtoe（百万吨油当量），现在已经超过了美国。因此，虽然我国有较低的人均能源使用率和二氧化碳排放量，但我国的能源政策对国际能源的供求有重大影响。英国研究机构Innovas Solutions在《低碳和环境产业报告》中对2007~2008年低碳市场进行了排序，我国位居第二，为4110亿英镑。我国应借鉴部分发达国家低碳经济发展和低碳管理的经验，完善低碳经济发展管理机制，以便使本国低碳经济与世界接轨。

习近平主席在中共十九大报告中指出，要推进绿色发展，加快建立绿色生产和消费的法律制度和政策导向，建立健全"绿色、低碳、循环、发展"的经济体系。

明确低碳战略目标是重要前提。世界各国为发展低碳经济，首先明确了各自的战略目标。例如，欧盟于2006年发布了《能源效率行动计划》和《欧洲能源战略绿皮书》，2007年欧洲理事会通过关于能源安全和应对气候条例制定发展战略，到2020年将可再生能源在欧盟能源消耗中的比例提高到20%。2007年，英国发布《2007年能源白皮书》，公布了全球首部应对气候变化问题的专门性立法文件《气候变化法（草案）》，制定了连贯的中长期减排计划："到2020年，将碳释放量减少2300万~3300万吨；到2050年，将总排放量至少削减60%。"

在发展低碳经济的过程中，加大科技创新力度是重要动力。技术创新是发展低碳经济的主要动力，同时也是完善低碳经济发展管理机制的基础。技术创新作为经济发展的内在驱动力，服务于特定的经济发展模式。在传统的经济发展模式下，技术创新体现出高能耗、高产出、高污染的特点；以"可持续发展"为理念的低碳经济改变了传统的经济发展模式，走出了以牺牲环境与资源为代价来追求经济高速发展的误区。低碳经济在保证经济发展的同时，减少对石化资源的单一依赖性，提高资源的利用效率，开发利用清洁能源，减少对生态环境的污染，与低碳经济相匹配的技术创新必然沿着低能耗、低排放、低污染、高效率的方向发展。例如，欧盟利用信息通信技术来提高能源利用效率；英国等将发展低碳发电站技术作为减少二氧化碳排放的关键，为保护环境起到重要的作用；美国为发展清洁煤投入大量资金，用于将先进清洁煤技术从研发阶段向示范阶段和市场化阶段推进；澳大利亚政府持续投资于低碳经济R&D活动，示范和推广低排放技术。Majesty（2003）提出技术创新对有效降低低碳经济成本、实现低碳经济目标具有重要作用，因此应该支持技术的研发和创新，鼓励再生能源和新能源技术的开发。Richard G Richels等（2008）的研究表明，新技术供给方的大规模减排可以避免高昂的减排成本。Stephen J DeCanio（2009）从减缓气候变化的成本收益角度研究了新技术的开发和最优的经济减排模式。我国学者金涌等（2008）提出，低碳经济的实质在于提升能效技术、节能技术、可再生能源技术和温室气体减排技术的创新，从而促进产品的低碳开发和维持全球的生态平衡。冯之浚等（2009）认为，低碳经济将催生新一轮的科技革命，以低碳经济为主导的新能源、新技术将改变未来的世界经济版图，创造新的龙头产业。

配套低碳政策体系是重要环节。奖惩分明的政策配套措施是国外低碳管理机制的一大特色。欧盟国家开始实施促进二氧化碳减排的相关政策，如征收碳税，对节能、可再生能源等减排二氧化碳技术给予税收优惠或财政补贴等。法国通过减免税收等政策鼓励在工业、服务、住房建筑、交通运输等领域采用节能型设备。英国于2008~2011年对低碳领域累计投资达500亿英镑,其中包括政府直接投资、财政支持及私人投资,投资领域主要为公共交通和低碳汽车、可再生能源及低碳技术等。

低碳技术的创新需要相应的外在激励因素和制度环境。发展低碳经济实际上是用低碳的"技术—制度综合体"代替高碳的"技术—制度综合体"。碳锁定理论表明,发展低碳经济需要一种系统性思维,仅有低碳技术是不够的。低碳技术替代已有技术必须是一种强势替代,同时要培养解除碳锁定的外生冲击力量。传统的高碳经济存在路径依赖,这需要相关技术的危机、政府规制、技术突破、消费偏好的改变、"缝隙"市场及科学发现(Cowan and Hulten, 1996)等外生事件的冲击。低碳技术变革也面临着双重突破:一是技术突破,二是市场突破,并且两种突破是相互联系的。从这一角度来看,低碳经济的本质要求就是节能减排,而节能减排不仅包括能源结构的调整、产业结构的调整,还包括技术创新、制度创新及市场创新等。

(三)绿色技术创新能力概念界定

1. 绿色技术的概念

绿色技术产生于20世纪五六十年代,当时发达国家发生了多起重大环境污染事件,在强大的公众舆论压力下,这些国家的政府建立了绿色研发机构,研究解决产品的环境污染问题,并制定控制环境污染的法规,将治理污染的技术称为末端技术,但这些环境治理技术在应用的过程中出现治理成本偏高的局限性。到70年代,绿色技术又发展到生产过程中的减量化或零排放的工艺。1979年,在《在环境领域内进行国际合作的全欧高级会议》上通过的宣言中,首次提出了无废工艺的概念。随着资源问题的凸显,绿色技术发展到清洁生产技术阶段,强调从产品设计的源头上控制消除污染,以及资源的可回收利用。1984年,美国国会通过的有关资源保护的法律中,提出了废物最少化技术。此后,清洁生产概念开始提出,但此时它的概念仅指清洁技术。1990年,美国制定的《污染预防法案》将类似清洁生产的技术称为污染预防技术。

1992年，美国联邦政府提出了深绿色技术和淡绿色技术。随后，绿色技术的相关概念迅速传播，众多学者也对其概念内涵加以特有的阐释。绿色技术的绿色比较通俗，使人们把它与已有的绿化环境的经验相联系。绿色技术承载着一种新型的人与自然的关系，强调防止、治理环境污染，维护自然生态平衡，不仅包括环境污染治理技术，也包括清洁工艺技术、环境友好技术等。绿色技术是对应于人类在蒙昧时代或农业文明时代的原始技术而言的，是一种现代技术体系，而非专指某一种技术或产业部门的技术。绿色技术生产出来的产品要能够造福于人类本身和人类生存环境，这是判定绿色技术的社会标准。绿色技术应该最大限度地节约资源和能源，贡献于人类社会的可持续发展。此外，还有学者从生态学角度提出了生态工厂、生态技术、生态工艺等概念。其他与绿色技术相似的技术称谓还有环境友善技术、环境优先技术、环境技术等。布朗（E Brawn）和韦尔德（D Weld）（1994）提出了绿色技术的概念，几乎涵盖所有与环境相关的技术：它是指遵循生态原理和生态经济规律，节约资源和能源，避免、消除或减轻生态环境污染和破坏，生态负效应最小的"无公害化"或"少公害化"的技术、工艺和产品的总称。

绿色技术创新可以提高企业能源、资源利用效率且减少污染物排放，从而在实现产出增长的同时提升环境质量，对发展中国家减轻其普遍面临的资源环境压力及转变过度倚重能源投入的经济增长方式具有重要意义，可能成为未来推动中国经济结构转型与发展方式转变的重要工具。然而，综观全球，大部分绿色技术创新活动存在于发达市场经济国家（OECD，2007；IEA，2009），发展中国家的绿色技术创新刚刚启动，其规模较小、技术领域狭窄且总体技术水平较低。对于中国这样的发展中大国来说，经济虽已具备一定基础，但是绿色技术储备薄弱，尤其是市场经济体系不完善，与市场相配套的政府政策体系也远未建立起来，因而在我国进行绿色技术创新意义重大且任重道远。

2. 绿色技术创新能力的概念

绿色技术创新成为学术界和实践领域关注的重要问题。习近平同志在中共十九大报告中指出："构建市场导向的绿色技术创新体系，发展绿色金融，壮大节能环保产业、清洁生产产业、清洁能源产业。推进能源生产和消费革命，构建清洁低碳、安全高效的能源体系。推进资源全面节约和循环利用，实施国家节水行动，降低能耗、物耗，实现生产系统和生活系统循环链接。倡导简约适度、绿色低碳的生活方式，反对奢侈浪费和不合理消费，开展创建节约型机关、绿色家庭、绿色学校、绿色社区和绿色出行等行动。"这为我国实施绿色技术创新奠定了坚实的政策导向。

目前，学术界对绿色技术创新能力的概念没有统一的定义。学者们从两个方面对绿色技术创新能力的概念进行了界定。

从生产过程考虑，通过对绿色技术创新过程进行系统描述来定义。HanBrezet（1997）分析了Sony Video产品的动态绿色设计实践过程，将绿色设计创新分成四个动态环节：第一环节为产品提升，第二环节为产品更新设计，第三环节为产品功效创新，第四环节为产品系统创新，即产品绿色生态创新是一个由部分到系统、由简到繁、由渐近性创新到根本性创新的一个过程。Freeman 和 Perez（1988）认为，向可持续发展范式的变迁不仅仅是能源消耗与资源利用的问题，环境改善需要变革社会观念、生产生活消费模式以及生活方式等多种制度因素。因此，社会经济绿色可持续发展所要求的技术变迁，并不局限于一系列关键技术的变革，还伴随着一系列相关组织、技术、制度环境的绿色化。Berry 和 Rondinelli（1998）认为，绿色技术创新表现为厂商利用创新技术，应对严格的环境法律法规标准。在此过程中，领先企业为维护竞争优势，可能游说政府提高环境保护标准。Huang（2009）认为，绿色技术创新是绿色产品（及相关硬件）或绿色制度（及相关软件）的创新，用以减少产品的生产与消费所带来的对自然生态、环境资源的冲击，通过提升环境管理效率以达到环境保护的要求。Hopfenbeck（1993）从全面环境质量管理的角度出发，结合企业经营业务流程，提出了微观企业绿色技术创新的框架。许庆瑞和王毅（1999）认为，以产品生命周期视角考察，绿色技术创新是指绿色技术从创新思想观念的形成，到把相关产品推向市场的全部过程，是降低产品生命周期所消耗成本的一种创新。

从创新的特征入手，通过概括其主要特征来定义。赵细康（2003）认为，绿色技术创新即生态技术创新，归属于技术创新的范畴。一般把以保护环境为目标的管理创新和技术创新统称为绿色技术创新。葛晓梅（2005）认为，绿色技术创新是将环境保护新知识与相关绿色技术用于生产经营过程，用以创造、实现新的经济效益和社会效益（环境价值）的活动。刘勇（2011）认为，即使没有有意为之的绿色技术创新，技术进步依然会促使生产领域出现资源节约。事实上，技术创新极大地提高了各领域的生产率。改革开放近40年来，我国资源利用强度在许多领域都有很大的降低。但是，随着经济的快速增长，传统技术创新对资源的节约速度赶不上生产和服务领域消耗的资源数量的增长速度，导致了当前的环境问题及生态困境。绿色技术创新就是要解放资源环境，使资源环境压力同经济社会活动相分离，使生产者和消费者都获得绿色利润。企业得到的绿色利润表现为随着绿色技术的应用，企业绿色竞争力增强，利润额增大；政府得到的绿色利润主要体现在国家生态环境质量改善、公民身体健康程度提高、资源尤其是能源使用安全性提高等方面；公众得到的绿色利润表现为绿色生活空间增大，从中获取的生态服务数量增多、质量提高，食品安全性、水质状况、空气质量不断得到改善。国内外学者对低碳技术的类型、低碳技术开发和转移、低碳技术创新的模式等进行了开创性研究，但尚未形成完善的理论体系，因此对低碳经济条件下制造业建立绿色创新体系尚缺乏一定的指导意义。此外，学者们对于绿色技术创新研究的成果涵盖了宏观、中观和微观三个层面，研究内容也较丰富。但现有文献多集中在国家、企业等领域的绿色技术创新研究，有关产业层面的研究相对较少，尤其针对制造业绿色技术创新的研究理论性不强。此外，现有文献多采用定性分析方法，对策研究较多，而对绿色创新体系的运行、绿色创新体系绩效等内容的定量分析较少，因此还需要进一步拓展绿色技术创新及绿色创新体系的研究方法和研究领域。

基于技术创新的基本特征及绿色技术的思想，本文归纳出多数学者认同的绿色技术创新的两个内在特征：第一，绿色技术创新是技术创新领域的一个研究重点，因此必定具备技术创新的基本特征，同样强调经济利益和对利润的追求。第二，强调环境与生态效益，要求技术创新必须节约资源和能源，避免、消除或减轻生态环境污染和破坏。衡量绿色技术创新能力有三个内在维度：技术创新维度，即它必须是一项创新；生态技术维度，即它的创新对象必须包括有利于改善环境保护生态的绿色技术；经济效益维度，即它必须取得好的经济效益。绿色技术创新能力强调经济效益、生态效益和社会效益的最大化，它属于技术创新能力的范畴。绿色技术创新能力是指企业在从事绿色技术创新过程中的计划、组织、实施和控制、产出能力，是通过在生产、消费、产品回收等领域中的产品创新、工艺创新与组织创新，使产品的生命周期总成本、产品在整个生命周期中消耗的资源、对生态环境的危害和对人体危害等方面的综合达到最优化的技术创新活动的总称。绿色技术创新能力应是综合考虑绿色技术创新过程和绿色技术创新结果，以提升企业竞争力为出发点，整合各方面资源加以利用，从而形成的一种综合能力，包括研发能力、生产制造能力、组织管理能力、营销能力等方面。同时，绿色技术创新能力不只受内部因素影响，还受企业外部主体如企业所在地区经济发展程度、技术水平、技术溢出等因素的影响。企业绿色技术能力应体现外部主体的作用。

3. 政府 R&D 投入

R&D 投入是指 R&D 活动中的各种资源，包括人、财、物等多方面的投入。由于资金投入决定了整个 R&D 的投入水平，是创新活动最为关键的基础性因素，因此，一般意义上的 R&D 投入主要是指资金上的投入。R&D 经费支出是指统计年度内全社会实际用于基础研究、应用研究和试验发展的经费支出，包括实际用于研究与试验发展活动的人员劳务费、原材料费、固定资产购建费、管理费及其他费用支出。企业 R&D 投入主要包括企业 R&D 经费投入和 R&D 人员投入。企业 R&D 经费投入主要指企业活动的经费支出。根据国家统计局文件国统字（2000）30 号规定，企业 R&D 活动经费支出包括经费的内部支出和外部支出两大部分：内部支出包括日常支出和基本建设支出两部分；外部支出是按同类项目实际转拨外单位的经费，据实计算。根据 OECD 大多数成员国的经验，用于企业内部 R&D 活动的经费大约相当于其支出的 90%；用于委托其他部门开展 R&D 活动的经费约占其支出的 10%。政府 R&D 投入主要是指政府用于 R&D 活动中的各种资源，包括直接用于 R&D 课题活动的投入和间接用于 R&D 活动的投入。政府 R&D 投入具体可以分为三种形式：资助公共科研机构从事 R&D 活动；资助企业的 R&D 活动，包括政府对企业 R&D 活动的直接资助；资助高校从事 R&D 活动。

R&D 投入有 R&D 投入主体和 R&D 执行主体之分。R&D 投入主体，即 R&D 投入资金的来源，主要有政府和企业两大投资主体，其他如高校、非营利组织等的比例一般在5%以下。根据政府和企业R&D投入相对比例的变化，R&D投入发展历程可以分为政府主导型（政府R&D投入比例超过50%，大于企业R&D投入）、政府企业双主导型（两者投入比例大致相当）、企业主导型（企业R&D投入比例超过50%，大于政府R&D投入）三种类型，大致体现了随着经济社会的发展R&D投入结构的发展过程。R&D执行主体是R&D经费的使用者，主要有科研机构、高校、企业三类，在发达国家，还包括一些非营利的国际组织等。科研机构和高校的R&D经费主要来源于政府投入，企业R&D经费主要来源于自身。企业的R&D活动主要针对于试验发展，研究机构和高校的R&D活动主要针对于基础研究和应用研究。因此，执行主体结构基本与三大领域的经费使用比例相适应，而投入结构比例也基本与之相应，高校和研究机构R&D经费的使用要低于企业，大致相当于政府R&D经费投入与企业R&D经费投入的比例。

在《弗拉斯卡蒂手册》中，R&D指标被分为三类：一是投入指标，包括研究开发活动中投入的各种资源，如人力、物力和财力；二是产出指标，包括研究开发活动所产生的直接结果，如专利、论文；三是影响指标，包括研究开发活动对经济、社会所产生的贡献与影响。在论文研究过程中，对于影响指标主要是从宏观角度进行分析，而投入指标与产出指标是实证分析过程中选择的重要分析指标。根据科技部统计，我国R&D产出指标主要有四类：专利申请量（件）；三系统（SCI、ISTP和EI）收录的我国科技论文数（篇）；高技术产品出口额（亿美元）；高技术产品出口占商品出口总额的比重。

4. R&D投入强度

科学研究与试验发展经费投入与国内生产总值之比（R&D投入/GDP）通常被称为国家R&D经费投入强度，是评价科学技术与经济协调发展的重要指标，表明在未来一段时间内全社会R&D投入占国内生产总值的比重（即未来一段时间内，R&D投入目标强度 = R&D投入/GDP×100%），具有动态衡量意义，也是国际社会用于衡量一国在科技创新上努力程度的重要指标。这个指标不仅反映一国（地区）的R&D活动规模、科技实力和创新能力，而且能够从一定程度上反映一国（地区）政治经济实力和经济发展方式。R&D经费投入强度是国际上广泛关注的指标，也是世界各国（地区）经济社会发展的重要目标之一。我国政府对 R&D 投入经费规模及强度指标也一直很重视，在各种政府文件和报告中都将该指标作为重要目标列入。2006 年，党中央、国务院做出了建设创新型国家的重大战略决策，这对于指导运用科技创新、促进经济社会发展具有重要的意义。我国制定的《国家中长期科学和技术发展规划纲要（2006~2020 年）》（以下简称《纲要》）中已经明确规划了我国政府未来的 R&D 投入总体情况和投入强度，即制定了"到 2010 年，全社会研发投入占国内生产总值的比重提高到 2.0%；到 2020 年，全社会研发投入占国内生产总值的比重提高到 2.5% 以上，力争科技进步贡献率达到 60% 以上，对外技术依存度降低到 30% 以下，本国人发明专利年度授权量和国际科学论文被引用数均进入世界前 5 位，自主创新能力显著增强，科技促进经济社会发展和保障国家安全的能力显著增强，为全面建设小康社会提供强有力的支撑；基础科学和前沿技术研究综合实力显著增强，取得一批在世界具有重大影响的科技成果，进入创新型国家行列，为在 21 世纪中叶成为世界科技强国奠定基础"的目标。这一发展战略目标的提出对促进科技事业的发展、实现"加强自主创新能力、建设创新型国家"战略目标具有重要意义。

二、理论基础

（一）环境规制的相关理论

1. 可持续发展理论

可持续（Sustainable）一词来自于拉丁文 Sustenere，意思是 Hold up，即保持下去、维持下去的意思（钟水映、简新华，2005）。人类在长时期追求财富的增长和生活质量的改善的过程中，不断思考增长和发展之间的关系、人与自然之间的关系以及生活的本质和意义等有关人类的前途、命运和意义的哲学命题,最终得出了可持续发展的逻辑结论。1987 年,以挪威首相 Gro Harlem Brundt land(布伦特兰)为主席的联合国世界与环境发展委员会发表了一份报告——《我们共同的未来》,正式提出可持续发展的概念,并以此为主题对人类共同关心的环境与发展问题进行了全面论述,受到世界各国政府组织和舆论的极大重视。1992年6月,在里约热内卢举行的"联合国环境与发展大会"(UNCED)是人类有史以来最大的一次国际会议,大会取得的最有意义的成果是两个纲领性文件——《地球宪章》和《21 世纪议程》,标志着可持续发展从理论探讨走向实际行动。可持续发展要领得到与会者的共识与承认至今不过 30 年,但在世界上引起了广泛的讨论,给人类在协调经济发展和保护环境的关系中提供了坐标。

2. 环境资源的稀缺性

环境作为一种资源,它包含两层含义:一是指环境的单个要素(如土地、水、空气、动植物、矿产等)及它们的组合方式(环境状态),可称其为自然资源属性;二是指与环境污染相对应的环境纳污能力,即环境自净能力,可称其为环境资源属性。历史进入 21 世纪,人类社会的发展呈现出了日新月异的景象。随着工业文明的发展,环境资源日渐稀缺,已经成为社会可持续发展的瓶颈和障碍。此时,以信息化、知识化为特征的新经济成为新世纪的经济发展方向,它通过技术创新和发展文化产业来减少纯物质资源的消耗,提高智力资本和文化资本的价值含量,谋求打破环境资源瓶颈的新路。环境规制的首要依据是环境资源的稀缺性,传统的生产要素理论只包括劳动力、资本、土地等,并不包括环境,因为在非工业化时期或者工业化初期,环境资源并不十分稀缺,其自身的净化能力完全可以吸收污染物,只有当工业化水平发展到一定阶段,环境自身的净化能力已经不能容纳污染物的排放时,环境作为一种生产要素才被纳入经济物品的范畴,环境规制也就有了必要。环境资源的稀缺性主要包含以下三方面:第一,绝对稀缺性。尽管人类可以通过技术创新和提高资源使用效率对环境资源减量化使用,但是环境资源的生产周期比其他经济资源的再生产周期要长得多,必须限定对其消耗的"度"。一旦超过其自身再生的界限,即环境资源被破坏到一定程度而超过其承载容量,就会产生不可逆转的后果。第二,相对稀缺性。理性经济人以利益最大化为目标,必然会催使其尽可能的多利用"可以自由取用"的自然资源。相对人类无限的欲望,环境资源的供给毕竟是有限的,不可再生环境资源更是如此,可获得、可利用的数量是非常有限的。第三,结构性稀缺。任何一项生产活动都需要多种投入的组合,这就要求有一个合理的资源结构。犹如"木桶理论"所言,一个木桶的容水量,不取决于桶壁上那块最长的木板,而取决于最短的那块木板。即使整体环境资源再丰富,但只要某种环境物品短缺,成为"木桶短板",也会造成资源"瓶颈",决定"木桶的容水量"。正是因为环境资源的稀缺性,才有政府实行环境规制保护环境资源的理由。

3. 市场失灵理论

所谓市场失灵,是指由于市场机制的某些障碍所造成的对资源配置缺乏效率的状态。也就是说,当市场配置资源出现低效或无效率时,就出现了市场失灵。完全竞争的市场结构是资源配置的最佳方式,但在现实经济中,完全竞争市场结构只是一种理论上的假设,其前提条件过于苛刻,现实中是不可能全部满足的。造成市场失灵的主要原因有外部性、公共品、有限理性、信息不对称、产权不明晰。当市场对资源配置失去效率的时候,就需要政府来对资源进行配置,以"看得见的手"取代"看不见的手",尽管政府有时也是失灵的。不过现代广义的市场失灵理论认为市场不能解决的社会公平和经济稳定问题也需要政府出面化解,从而使政府的调控边界突破了传统的市场失灵的领域而大大扩张。政府干预经济领域的扩张一方面说明政府在市场经济中的作用越来越重要,但另一方面政府的企业性质又要求必须对政府的行为加以规范,以提高政府的管理效率。

4. 有限理性理论

有限理性的概念是赫伯特·西蒙(Simon)提出来的,他认为人们在决策的过程中由于受到各种条件的限制一般只能选择满意解而不能得到最优解。环境是复杂的,在非个人交换形式中,人们面临的是一个复杂的、不确定的世界,而且交易越多,不确定性就越大,信息也就越不完全;人对环境的计算能力和认识能力是有限的,人不可能无所不知;此外,在很大程度上,由于受到情境的影响,人们使用"第一系统"进行加工,所以人不可能是完全理性的。在环境问题上同样也是如此,人们对环境的认识存在着一个逐步深化的过程,从最初的肆意破坏环境到意识到必须和谐利用环境资源,是随着不断的实践过程以及环境科学、经济学、伦理学等学科的不断发展而发展的,在处理环境问题时,人们只能在现有的决策环境下,尽可能地充分利用有限的信息和资源,在众多备选方案中选择相对满意的决策方案,而不能找到最优方案。另外,机会主义的存在也使得人们有破坏环境的动机,为了达到自己的目标可以使用一切方法,不按规则办事,其最高追求是实现自己的目标,以结果来衡量一切,而不重视过程,可能为了经济利益而不惜以破坏环境为代价。

5. 外部性理论

外部性理论是由 Marshall(1890)正式提出的,他指出外部性一般是指个人或者企业对另一方造成的无意的、不用补偿的副作用。Pigou(1920)进一步提出边际私人成本和边际社会成本、边际私人纯收益和边际社会纯收益等概念,由于边际私人收益和边际社会收益之间存在差异,经济个体在谋求自己利益最大化的过程中,就会以环境为媒介,向外界释放外部性。外部性可以区分为正外部性和负外部性两种类型,蜂场蜜蜂为邻居果园授粉是正外部性的一种表现,但现实生活中更多地表现出外部不经济的实例,也就是私人成本低于社会成本。环境污染是负外部性,因为对于环境污染造成的收益由污染主体者独享,而环境污染对社会造成的危害却由全体社会成员共同来负担。正是私人成本和社会成本的不对称性,环境污染主体对环境资源的使用会超过帕累托最优,从而导致整个社会的福利损失。外部性概念本身只是解释市场失灵的众多工具之一,讨论外部性的意义在于内部化,也就是纠正市场失灵。如果消除一种外部效应导致的收入提高大于进行效率改进而花费的交易成本,它就一定会被市场消除;而它没有被消除,就说明消除它的交易成本要大于消除它之后的收益。也就是说,外部性是市场无法克服的痼疾。在环境保护领域中,解决环境污染造成的外部性,不可能靠市场自发解决,政府对此必须起到主导作用,而科学合理的管理体制则是避免"政府失灵"的必要条件。

6. 规制经济学理论

"规制"一词来源于英文"Regulation",一般来讲是规制部门通过多种手段对某些特定产业或企业的产品定价、产业进入与退出、投资决策、危害社会环境与安全等行为进行的监管。规制理论部分的运用已经涉及实际生活中的诸多领域。依据性质的不同,规制可分为经济性规制与社会性规制。社会性规制是以确保居民生命健康安全、防止公害和保护环境为目的所进行的规制,主要针对与对付经济活动中发生的外部性有关的政策(植草益,1992)。近年来,社会性规制才越来越被各国采纳和实施,主要规制方式有设立相应标准、发放许可证、收取各种费用等。经济性规制主要应用于政府约束企业定价、进入与退出等方面,重点关注具有自然垄断、信息不对称等特征的企业或行业。经济性规制具体实施方式一般包括以下四种:一是规制企业进入及退出某一产业,从而保障此行业内的企业数量和规模;二是规制企业的产品或服务定价,维护社会价格稳定;三是规制企业产量,保障经济体内的产能与经济发展相协调;四是规制企业所生产产品的质量,保障人民正常的生活水平。

(二) 秩依期望效用博弈理论

Quiggin 提出了秩依期望效用博弈理论(Rank – dependented Utility Theory, RDEU)。该理论通过引入可以刻画经济人在不确定性条件下的风险态度和程度的非线性函数构建决策权重,在 EU 理论模型的基础上建构了秩依期望效用模型,既包含了 EU 理论模型,又克服了 EU 理论模型的局限性。RDEU 理论是 Quiggin 采用将效用曲线显示在概率三角形中的方法进行直观分析,探究 EU 理论局限性的根源并对其修正而提出的(徐建中等,2015;Morgenstern et al.,1944),他将 EU 理论模型的概率线性关系进行非线性拓展,以此构建出非线性决策权重(朱建峰等,2015)。该理论得到大量实验、实证和许多学者的支持。下面简单介绍这一理论。

定义 1:如果随机变量(Random Variable,RV)X 取值于集合 $\{x_i, i=1, 2, 3, \cdots\}$,规定 $x_1 > x_2 > \cdots > x_n$,且服从概率分布 $P\{X = x_i\} = P_i$,$i = 1, 2$,

3, …n（满足 $P_i \geq 0$，$P_1 + P_2 + \cdots + P_n = 1$），则对于 x_i 定义其秩位（Ranking Position，RP_i）为 $RP_i = P\{X \leq x_i\} = P_i + P_{i+1} + \cdots + P_n$，$i = 1, 2, 3, \cdots, n$。

如果投资者开展投资所获得的产出是 RVY，满足定义 1 的条件，则称 $\{P_1, x_1; P_2, x_2; \cdots; P_n, x_n\}$ 为风险决策结构（Machina M J, 1982）。

定义 2：在风险决策结构 $\{P_1, x_1; P_2, x_2; \cdots; P_n, x_n\}$ 下，如果投资者的效用函数为 $u(x)$，则定义秩依期望效用模型为 $V(X, u, \pi) = \sum_{i=1}^{n} \pi(x_i) u(x_i)$，其中，$\pi(x_i)$ 表示产出 x_i 的决策权重，定义为 $\pi(x_i) \equiv \omega(P_i + 1 - RP_i) - \omega(1 - RP_i)$，$i = 1, 2, 3, \cdots, n$；这里的函数 $\omega(\cdot)$ 是一个满足 $\omega(0) = 0$、$\omega(1) = 1$ 的单调递增函数。

命题 1：$\pi(x_i)$ 关于秩位 RP_i 是单调递减的，当且仅当 $\omega(\cdot)$ 是凸函数（$\omega'' > 0$）；$\pi(x_i)$ 关于秩位 RP_i 是单调递增的，当且仅当 $\omega(\cdot)$ 是凹函数（$\omega'' < 0$）（杨发明、魏江，1978）。

在此将 $\omega(\cdot)$ 称为情绪函数，如果决策者的态度是"悲观"的，则随着随机变量 x_i 以及 x_i 秩位的提高，相应决策权重 $\pi(x_i)$ 减少，表现为决策者预期潜在随机变量 x_i 之间的变化差异越来越小。如果决策者的态度是"乐观"的，则随着随机变量 x_i 以及 x_i 秩位的提高，相应决策权重 $\pi(x_i)$ 增加，表现为决策者预期潜在随机变量 x_i 之间的变化差异越来越大。结合命题 1 可以得出，凸函数 $\omega(\cdot)$ 刻画了决策者"悲观"的情绪，凹函数 $\omega(\cdot)$ 刻画了决策者"乐观"的情绪。

综上可以得出，秩依期望效用博弈理论的精髓在于它从两个视角刻画了随机变量 x_i 的决策权重 $\pi(x_i)$：随机变量 x_i 的概率；随机变量 x_i 的秩位 RP_i。因此，决策权重 $\pi(x_i)$ 就可以刻画在信息不对称的情况下，决策者通过情绪函数 $\omega(\cdot)$ 扩大（或缩小）随机变量 x_i 的决策权重 $\pi(x_i)$ 以显现其预期态度。

定义 3：决策者满足 RDEU 决策模型，是指他们的偏好序 ">" 可以由效用函数 $u(\cdot)$ 和权重函数 $\pi(\cdot)$ 定义的实值函数 V 来表示，即对 RV X 与 RV Y，有 $X > Y \Leftrightarrow V(X, u, \pi) > V(Y, u, \pi)$，其中 V 是定义 2 中的秩依期望效用。

第三章
陕西省制造业绿色技术创新的现状及存在的问题

制造业是工业的三大门类之一。制造业的发展水平代表着一个地区的工业化程度，也是国家创造力、竞争力和综合国力的重要体现。纵观人类工业发展史上的历次革命与变革，均是由制造业最先发起，可以说制造业是工业化发展破茧蜕变的突破口。制造业的持续发展是中国经济30多年保持高速增长的主要动力源泉之一。但是，由于粗放的发展模式和长期处于国际产业链末端，制造业在带动经济增长的同时也加剧了资源环境负担。据统计，2014年制造业能源消费总量达25亿吨标准煤，约占全社会能源消费总量的59%；废水排放量为154亿吨，约占工业废水排放量的75%。当前，我国正进入以"中高速、新动力和优结构"为主要特征的新发展阶段，因而从制造业领域寻求缓解资源环境压力的发展路径具有重要的现实意义。

据不完全统计，2010年，中国制造业产值达到1.955万亿美元，超过美国成为全球制造业第一大国，同时在22个大类制造品中，7个大类产品名列世界第一，220多种工业品产量居世界第一。进入2010年以来，美国、德国等世界制造业强国纷纷提出了未来的制造业发展计划，同时也为未来的制造业指明了发展方向——智能制造。2011年，美国政府启动了"先进制造伙伴计划"，提出了"在哪里发明，在哪里制造"的口号；2013年德国政府颁布了《保障德国制造业的未来：关于实施工业4.0战略的建议》，提出工业4.0计划。对此，2015年5月8日，国务院提出《中国制造2025》规划，并在党的十八届五中全会提出工业强基战略。在《中国制造2025》中明确提出了中国制造强国建设三步走战略：在2016~2025年中国要进入世界制造业强国之列，工业化完成并进入后工业化；

在 2026~2035 年中国要进入世界制造业强国的中等水平，后工业化基本完成；而在 2036~2045 年中国要完全建成世界制造业强国。

陕西省正处在工业化中后期阶段，工业增加值占 GDP 的比重接近 50%，工业经济发展稳步推进。但是作为我国重化工能源基地，陕西工业长期以来面临产业结构不合理、发展偏向重工业、能耗大、污染重、产品附加值低等问题，尤其是当经济进入"新常态"、三期叠加的特殊时期，工业经济自身潜在的矛盾与问题更为突出，调结构、促转型已成为当前工作的重点。陕西装备制造业正悄然成为陕西省经济向上突破的第一方阵，也成为在经济新常态下拉动陕西省经济增长的核心动力。近几年，随着陕西省经济增长进入新常态，陕西省积极利用下行压力加快产业结构调整，新、旧产业并行发展，尤其是依托装备制造业升级换代的优势，确保经济加速转型升级。

一、陕西省制造业发展现状

制造业是指对制造资源（物料、能源、设备、工具、资金、技术、信息和人力等）按照市场要求，通过制造过程，转化为可供人们使用和利用的大型工具、工业品与生活消费产品的行业。制造业直接体现了一个国家的生产力水平，是区别发展中国家和发达国家的重要因素，在世界发达国家（Developed Countries）的国民经济中占有重要份额。制造业是国民经济中行业类别最多的门类，根据国民经济行业分类（GB/T4754-2011），制造业包含 31 个行业大类，涉及食品、纺织、医药、文化、化工、建材、冶金、装备等多个领域的生产活动，与人们的生活及公共建设息息相关。

（一）制造业企业行业分布全面

2014 年，陕西省规模以上制造业企业有 4145 家，占规模以上工业企业总数的 81.6%，企业数比 2008 年净增 1038 家，占比提高 4.4 个百分点。制造业企覆盖31个行业,企业较为集中的行业及其所占制造业企业总数比例分别是非金属矿物制品业(14.2%)、农副食品加工业(11.9%)、化学原料和化学制品制造业(7.4%)、专用设备制造业(6%)、通用设备制造业(5.5%)。从行业产值占比分布看,产值占比较大的行业分别是石油加工、炼焦和核燃料加工业(12.8%),有色金属冶炼和压延加工业(9.9%),汽车制造业(8%),非金属矿物制品业(7.5%),农副食品加工业(7.1%)。

陕西省是中国制造业的重要基地之一,在"一五""二五"和"三线"建设时期,中央在陕西布局了很多大的制造业项目,后来陆续发展,到现在已形成通用和专业设备、制造加工、国防、航空、航天等门类比较齐全的制造业体系。陕西省现已形成8个产业集群雏形,分别是电子通信设备元器件集群、重型汽车产业集群、数控机床产业集群、航空产业集群、光电子产业集群、空调压缩机产业集群、输变电设备产业集群、鼓风机制造产业集群。其中,除了数控机床产业集群位于陕南汉中地区外,其余的产业集群均位于关中地区。2014年,陕西省制造业的总产值达到13675亿元,占陕西省工业总产值的比重为68.32%。由图3-1可以看出,2003~2014年,陕西省制造业总产值呈逐年增加的趋势,且制造业总产值占工业总产值的比重均达到64%以上,可见制造业发展状况及结构调整对一省的工业状况有着重要的影响。

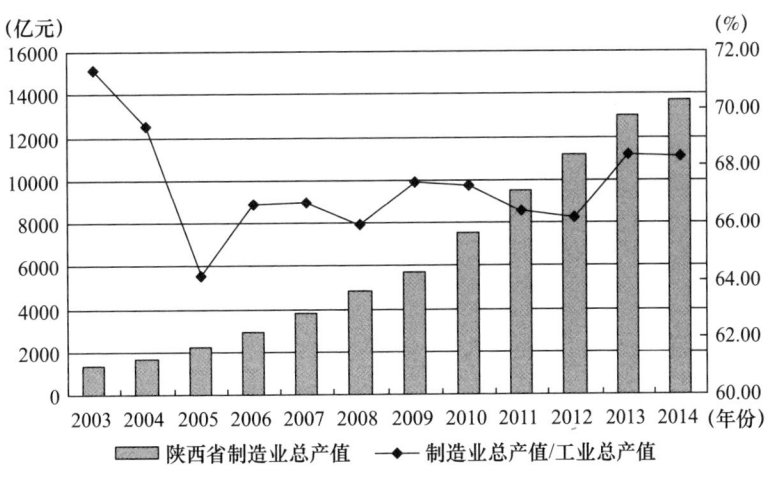

图3-1 2003~2014年陕西省制造业总产值及制造业总产值占工业总产值的比重

(二)占比提高但增速回落

2008~2014年,全省规模以上制造业工业总产值由4877.14亿元增长至14530.79亿元,增长近2倍,高于规模以上工业增速近20个百分点。制造业工业总产值占规模以上工业产值的比重基本呈上升趋势,2014年占比为69.7%,高于2008年4.5个百分点,较2012年提高3.4个百分点(见图3-2)。

从增加值增速来看,制造业保持较快的增长水平,剔除价格因素,2014年规模以上制造业工业增加值较2008年年均增长18.3%,比规模以上工业年均增速高2.8个百分点;除2011年增速低于规模以上工业增速外,其余5年均高于规模以上工业。但是,制造业增加值增幅逐步趋缓,2014年增加值增速较2009年回落超过10个百分点,回落幅度大于规模以上工业(见图3-3)。

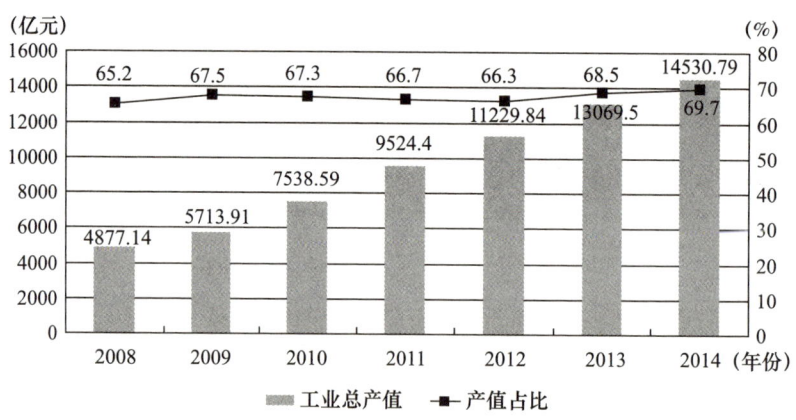

图3-2 2008~2014年制造业工业总产值及占规模以上工业产值比重

注:2011年,规模以上工业统计口径由年主营业务收入500万元以上调整为年主营业务收入2000万元以上。

(三)行业规模扩张但效益略有下滑

近几年来,制造业主要经济指标占规模以上工业的比重有所提高,有力地弥

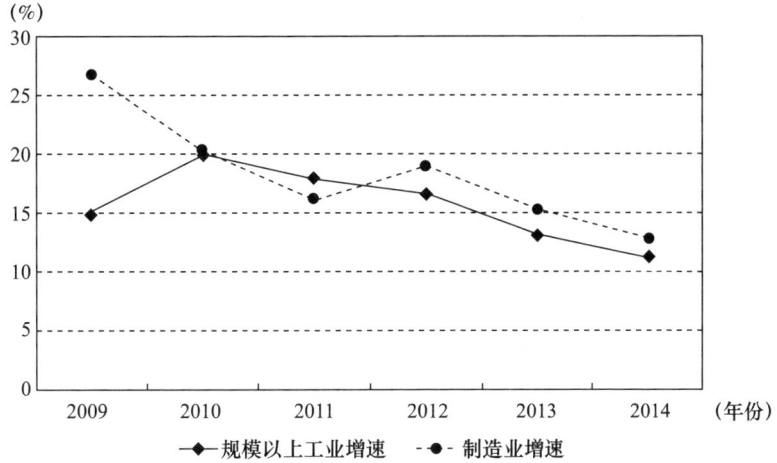

图3-3 2009~2014年制造业增加值增速及规模以上工业增速

补了采矿业下行的不利局面。2014年,制造业资产总计占规模以上工业总资产的59.3%,比2008年提高5.2个百分点;主营业务收入占70.3%,提高5.5个百分点;实现利润占42.8%,提高13.8个百分点;吸纳就业人数达124万,占规模以上工业吸纳就业人数的比重始终保持在70%以上,有效地缓解了全省的就业压力。但制造业本身同样面临较大的下行压力,效益质量较2008年略有下滑。2014年,全省制造业资产负债率为57.3%,高于2008年3.5个百分点,举债规模有所扩大;成本费用利润率为6.4%,低于2008年0.4个百分点,盈利能力略有降低;产品销售率为95.1%,低于2008年1.1个百分点,产销衔接水平进一步下降。

(四) 重点产品生产保持稳定

近年来,陕西省制造业主要重点产品大多保持良好的生产形势。如表3-1所示,食品工业增势良好,部分主要产品保持两位数的年均增速;纺织业改革后焕发新的活力,成品加工发展迅速;随着加快能源产品转化,化工行业不断壮大,主导产品增长较快;医药行业在政策的大力扶持下健康发展;建材、冶金、有色等行业保持快速增长,带动炼焦企业迅猛发展;装备制造行业克服市场不利影响，平稳运行。

表 3-1　2008~2014 年陕西省重点产品产量及增速

产品名称	计量单位	2014 年	2008 年	年均增速（%）
小麦粉	万吨	568.01	236.94	15.7
精制食用植物油	万吨	146.21	40.27	24.0
乳制品	万吨	161.34	106.93	7.1
白酒	万千升	11.92	6.86	9.7
软饮料	万吨	560.93	227.38	16.2
卷烟	亿支	914.50	772.51	2.9
纱	万吨	40.05	21.90	10.6
布	亿米	6.10	7.40	-3.2
服装	万件	2218.82	956.05	15.1
机制纸及纸板	万吨	70.77	69.87	0.2
原油加工量	万吨	2095.79	1702.75	3.5
机焦	万吨	3797.54	458.00	42.3
氢氧化钠（烧碱）	万吨	92.41	30.43	20.3
碳化钙（电石）	万吨	208.35	121.53	9.4
精甲醇	万吨	338.96	107.56	21.1
化肥	万吨	179.33	109.25	8.6
化学药品原药	吨	15240.89	4392.37	23.0
中成药	万吨	4.91	1.77	18.6
水泥	万吨	9083.49	3583.18	16.8
粗钢	万吨	1038.26	304.95	22.7
钢材	万吨	1683.92	504.80	22.2
十种有色金属	万吨	204.74	76.96	17.7
金属切削机床	万台	2.07	1.54	5.0
汽车	万辆	37.47	26.82	5.7
其中：基本型乘用车（轿车）	万辆	26.71	19.30	5.6
载货汽车	万辆	10.65	1.52	38.3
变压器	万千伏安	15536.35	8982.75	9.6

（五）企业实力增强但集中度下降

2014年，在全省规模以上制造业中，年主营业务收入过亿元的企业有1749家，占制造业企业总数的42.2%，比2008年收入过亿元的企业净增1205家，占比提高24.7个百分点。其中，年主营业务收入过百亿元的制造业企业有15家，比2008年净增9家。收入排名靠前的陕西延长石油（集团）有限责任公司、陕西龙门钢铁（集团）有限责任公司、陕西中烟工业有限责任公司、金堆城钼业集团、西安飞机工业（集团）有限责任公司、中国西电集团公司等企业，分别在石化、装备、食品、有色冶金、军工等领域成为本省行业的"领头羊"。

2014年，按行业大类分，由主营业务收入前5家的企业计算得到的制造业总的集中度为47.8%，比2008年降低12.4个百分点；由前10家企业计算的集中度为58.7%，比2008年下降11.5个百分点。分行业看，前5家企业计算的集中度、前10家企业计算的集中度均有超过七成的行业集中度出现不同程度下降，其中，有四成行业集中度下降10个百分点以上。食品工业（除烟草制品业）、纺织服装、医药制造、装备制造业（除汽车制造、计算机通信制造、仪器仪表制造）等多个行业集中度下降幅度较大。

（六）高新技术制造业是创新最活跃的工业领域

进入21世纪以来，随着以信息技术为核心的高新技术的推广和应用，高新技术制造业企业进入了蓬勃发展时期。OECD和国家科技部火炬中心将高新技术产业划分为医药制造业，通用设备制造业，专用设备制造业，航空航天、电气机械和器材制造业，计算机、通信和其他电子设备制造业，仪器仪表制造业，印刷和记录媒介复制业等。陕西省高新技术企业创新活跃，在这些领域从事创新活动的企业比例远高于在其他传统产业领域。《2014年全国企业创新调查统计资料》显示：高新技术产业被调查企业总数为1253家，其中有创新活动的企业844家，占比达67.4%；典型传统工业行业被调查企业数量为2695家，其中有创新活动的企业为1106家，占比只有41%。在高新技术行业中，创新活动最积极、成功率（成功实现创新）最高的产业为仪器仪表制造业，该产业有创新活动的企业数占本行业被调查企业的比重高达90.7%，成功实现创新的比重也高达70.1%。而在传统行业中，开展创新活动的企业占比一般低于50%，有些行业甚至低于20%，如非金属矿采选业只有17.8%。

站在"中国智造"的风口，西安陕鼓动力股份有限公司（以下简称陕鼓动力）作为陕西省装备制造行业的龙头企业，开始谋求从生产到服务的转型、从"制造"到"智造"的升级。陕鼓动力的生产车间逐渐从原来的11个减少到2个，放弃了设备维修等12个非核心的业务环节，新增加了11个新兴业务部门，提供专业高端服务和保障性服务。近两年，陕鼓动力平均研发费用的投入已占到营业收入的9.3%。通过转型升级，陕鼓动力发生了较大的变化，以前依托设备、体力、技能赚取利润，而未来是以品牌、知识、资本来赚取利润。

"互联网+"已经成为无处不在的商业脉络。陕西省传统大型企业开拓创新，积极深化"互联网+"的产业链。2015年，陕西煤业化工集团有限责任公司入围世界500强，成为继陕西延长石油集团有限责任公司后第二个进入该名单的陕西省企业，陕西省成为西部地区唯一有两个世界500强企业的省份。"互联网+"不仅只在商业零售领域，传统能源以及制造业也在积极深化"互联网+"，寻求突破。例如，陕西汽车控股集团有限公司不断积极推进产品结构调整。2015年，陕汽重卡市场份额增长至14.52%，行业排名上升至第四位。陕汽坚持转型发展和创新驱动，加快管理创新步伐，改革企业体系和机制，建设智能化企业，通过深化"互联网+"、智能制造，将陕汽产业融合发展推向新的高度。

陕西省在"十三五"规划建议中提出将创新强省作为推动发展的新战略。陕西省拥有的高校聚集、科技和人才资源丰富等潜在优势，在经济结构调整过程中应该得到有效发挥和释放。其中，依托国家重大技术创新工程，提出了煤油气绿色开采利用、新能源汽车、涡桨支线飞机以及智能制造、超导材料等一大批重点创新项目。近几年，陕西省工业经济结构呈现出一些积极变化，非能源工业保持较高增长，高技术产业快速发展且占比不断提高，对全省工业形成有力拉动；科技推动传统支柱产业升级换代，如西安航天发动机厂注重航天高科技在国民经济领域的转化和应用，利用创新团队发挥航天流体换热、光机电一体化、系统集成等技术特色和优势，在化工生物工程、印刷包装机械等领域研制开发出一系列高技术产品,填补了多项国内技术空白。

工业4.0助力装备制造业成第一方阵。当煤炭、石油这列能源火车增长放缓之后,制造业这列拉动陕西省经济增长的火车就要开始提速。而工业4.0、中国制造2025将为这列火车注入新的动力。航空制造是陕西省制造业的龙头,"十二五"期间,首架大型运输机顺利实现首飞,这标志着我国成为继美国、俄罗斯和欧洲之后第四个能够研制大型运输机的国家。无人驾驶是目前最前沿的汽车电子技术。陕西汽车控股集团研发团队历时一年研制的遥控型无人驾驶军用重型车辆,目前在西安顺利完成无人驾驶功能试验,标志着国内首台无人驾驶军用重型车辆研制成功,填补了我国目前3.5吨级以上军用无人驾驶车辆的空白。长期以来,装备制造业都是陕西省的优势产业,也是带动陕西省经济增长的核心推手,随着工业4.0、中国制造2025等大规划的推出,在相关政策的支持下,陕西省装备制造业正迎来波澜壮阔的发展前景。未来在推动陕西省经济增长的结构之中,装备制造业对陕西省经济的贡献有望追赶能源产业,成为拉动陕西省经济增长的第一方阵。

(七) 陕西省制造业与全国的对比情况

1. 在全国所占份额偏低

早在2012年,我国就已成为全球制造业第一大国。制造业企业数占规模以上工业企业总数的90%以上,资产总计超过75%,主营业务收入超过85%,利润超过80%。陕西省制造业近几年来多项指标占比虽然保持上升趋势,但与全国相比差距依然较大。陕西省制造业在全国制造业中的占比偏低,整体实力仍然较弱。2014年,陕西省制造业单位数占全国制造业单位数的1.2%,资产总计占2.1%,主营业务收入占1.4%,利润总额占1.4%。

从主要产品对比来看,陕西主要制造业产品在全国市场份额偏低,缺乏数量优势。2014年,陕西省卷烟产量占全国的3.5%、焦炭占7.9%、化肥占2.6%、水泥占3.6%、平板玻璃占2.7%、粗钢占1.3%、钢材占1.5%、原铝占2.4%、汽车占1.6%(其中轿车占2.1%)。水泥、钢材、汽车等产品在全国各省产量中分别位列第15位、第20位和第16位。

2. 与经济发达省份差距较大

对比陕西省部分经济发达省市的工业产业结构，以上海市、江苏省、浙江省、广东省4省市为例，它们的制造业工业总产值占规模以上工业总产值的比重均超过90%，高于陕西省20个百分点以上，其中上海市、江苏省制造业产值占比更是高达95%以上。综上所述，陕西省位于我国的西部，整个制造业的水平在西部省市中虽然处于相对较为优势的地位，然而与东部制造业发达的省市相比，还存在较大的差距，不仅表现在制造业企业的数量和质量上，而且在科技、人才等诸多方面都有不足。

如表3-2所示，从产值前十大行业来看，陕西省非制造业行业占据三席，高耗能的原材料制造业占据五席，装备制造业和消费品制造业各占一席；上海市、浙江省、广东省均仅有一个非制造业行业位居前十位；江苏省产值前十大行业全部为制造业行业。从制造业行业类别看，上海市、江苏省前十大行业中，原材料制造业均有三个，装备制造业分别占据五个和六个；浙江省、广东省材料制造业均有两个，装备制造业和消费品制造业分别为四个和两个。

表3-2　2014年陕西省与部分发达省市产值前十大行业对比

陕西省		上海市		江苏省		浙江省		广东省	
行业	占比(%)	行业	占比(%)	行业	占比(%)	行业	占比(%)	行业	占比(%)
煤炭开采和洗选业	11.6	汽车制造业	16.7	计算机、通信和其他电子设备制造业	12.4	纺织业	9.1	计算机、通信和其他电子设备制造业	23.6
石油和天然气开采业	9.7	计算机、通信和其他电子设备制造业	16.5	化学原料和化学制品制造业	11.3	化学原料和化学制品制造业	9.0	电气机械和器材制造业	10.0
石油加工、炼焦和核燃料加工业	9.5	化学原料和化学制品制造业	8.2	电气机械和器材制造业	11.0	电气机械和器材制造业	8.9	电力、热力生产和供应业	5.3

第三章 陕西省制造业绿色技术创新的现状及存在的问题

续表

陕西省		上海市		江苏省		浙江省		广东省	
行业	占比(%)	行业	占比(%)	行业	占比(%)	行业	占比(%)	行业	占比(%)
有色金属冶炼和压延加工业	7.0	通用设备制造业	8.1	黑色金属冶炼和压延加工业	7.4	通用设备制造业	6.7	化学原料和化学制品制造业	5.0
电力、热力生产和供应业	6.4	电气机械和器材制造业	7.1	通用设备制造业	5.6	电力、热力生产和供应业	6.5	金属制品业	4.5
汽车制造业	5.8	黑色金属冶炼和压延加工业	4.7	纺织业	4.7	橡胶和塑料制品业	4.3	汽车制造业	4.5
非金属矿物制品业	5.5	石油加工、炼焦和核燃料加工业	4.5	汽车制造业	4.4	汽车制造业	4.3	非金属矿物制品业	3.9
农副食品加工业	5.1	电力、热力生产和供应业	3.4	金属制品业	4.0	黑色金属冶炼和压延加工业	4.1	橡胶和塑料制品业	3.8
黑色金属冶炼和压延加工业	4.5	专用设备制造业	3.3	专用设备制造业	3.9	计算机、通信和其他电子设备制造业	4.1	文教、工美、体育和娱乐用品制造业	3.5
化学原料和化学制品制造业	4.2	烟草制品业	3.0	非金属矿物制品业	3.2	化学纤维制造业	3.9	纺织服装、服饰业	3.2

通过对比可以看出，陕西省的工业结构主要集中在产业链上游的原材料开采及其初级加工领域，面向中下游生产企业；发达省份则主要集中在产业链中下游的消费端，更多地面向消费市场。

（八）陕西省制造业结构调整进展情况

根据陕西省委、省政府对全省工业经济的发展规划，陕西省制造业结构调整与转型升级的目标是由"陕西配套"和"陕西制造"最终向"陕西创造"和"陕西服务"转变，打造高端化、高质化、高新化的产业结构。具体来说就是以下四个方面的内容：一要发挥能源优势，做大、做强现代化工产业；二要大力发展装备制造业，运用先进技术发展高端装备制造业；三要培育壮大战略性新兴产业，打造未来发展新支柱；四要改造提升传统产业，在冶金、建材、食品等行业实现推陈出新。

1. 主要支柱行业未发生改变

对比 2008 年与 2014 年各行业产值占制造业产值的比重，不难发现，陕西省制造业主要支柱产业近几年来并未发生实质性改变。如表 3-3 所示，2014 年行业分类与 2008 年相比略有调整，交通运输设备制造业调整为汽车制造业以及铁路、船舶、航空航天和其他运输设备制造业，通用设备制造业产值占比向后移至第 11 位。

表 3-3 2008 年、2014 年制造业产值前十大行业占比变化

行业名称	2008 年产值（亿元）	2008 年产值占制造业比重（%）	行业名称	2014 年产值（亿元）	2014 年产值占制造业比重（%）
石油加工、炼焦和核燃料加工业	912.22	18.7	石油加工、炼焦和核燃料加工业	1857.69	12.8
交通运输设备制造业	723.82	14.8	有色金属冶炼和压延加工业	1437.78	9.9
有色金属冶炼和压延加工业	390.05	8.0	汽车制造业	1167.47	8.0
黑色金属冶炼和压延加工业	295.29	6.1	非金属矿物制品业	1090.33	7.5
电气机械和器材制造业	277.66	5.7	农副食品加工业	1038.65	7.1
化学原料和化学制品制造业	261.74	5.4	黑色金属冶炼和压延加工业	907.01	6.2
农副食品加工业	239.81	4.9	化学原料和化学制品制造业	873.64	6.0
专用设备制造业	240.30	4.9	铁路、船舶、航空航天和其他运输设备制造业	741.86	5.1
通用设备制造业	227.47	4.7	电气机械和器材制造业	722.79	5.0
非金属矿物制品业	207.36	4.3	专用设备制造业	533.04	3.7

第三章 陕西省制造业绿色技术创新的现状及存在的问题

尽管制造业的主导产业未发生改变,但是部分行业比重变化较大。石油加工、炼焦和核燃料加工业虽然仍是制造业中第一大行业,但受价格影响,2014年其产值比重较2008年下降了5.9个百分点;非金属矿物制品业和农副食品加工业上升幅度较大,分别由2008年的第十位、第七位上升至2014年的第四位和第五位,2014年的产值比重分别较2008年提高了3.2个和2.2个百分点。

2. 原材料制造业仍是制造业的主导产业

根据制造业产品的归类,将金属制品业、通用设备制造业、专用设备制造业等8个行业列为装备制造业;将石油加工、炼焦和核燃料加工业,化学原料和化学制品制造业,非金属矿物制品业等5个行业列为原材料制造业;将农副食品加工业,食品制造业,酒、饮料和精制茶制造业等13个行业列为消费品制造业。依据此分类,通过各类型制造业工业总产值占全省规模以上工业总产值的比重变化,对全省制造业结构进行分析。

如图3-4所示,目前原材料制造业仍是陕西省制造业的绝对主体,占比始终保持在40%以上,五大行业均列入全省规模以上工业产值前十大行业之中;装备制造业占比有所降低,下降幅度超过5个百分点,2014年工业总产值占全省规模以上工业总产值的比重不足1/3,产值较大的行业为汽车制造业,铁路、船舶、航空航天和其他运输设备制造业,电气机械和器材制造业;消费品制造业占比逐渐提高,2012~2014年占全省规模以上工业的比重已超过20%,比2008年末提高近3个百分点,产值较大的行业为农副食品加工业,医药制造业,以及酒、饮料和精制茶制造业。

从发展趋势看,原材料制造业和装备制造业呈现出反向变动、此消彼长的走势,也就是说,它们作为占制造业绝对主导的两大类别,对全省工业经济增长的贡献互为补充。而消费品制造业2012~2014年占比持续提升,从一定程度上印证了消费品刚性需求对经济发展的支撑作用,以及应对经济下行采取刺激消费政策所取得的效果。

3. 资本密集型与技术密集型制造业呈交替发展

根据不同要素的密集程度,将制造业中的各行业大类分为劳动密集型、资本

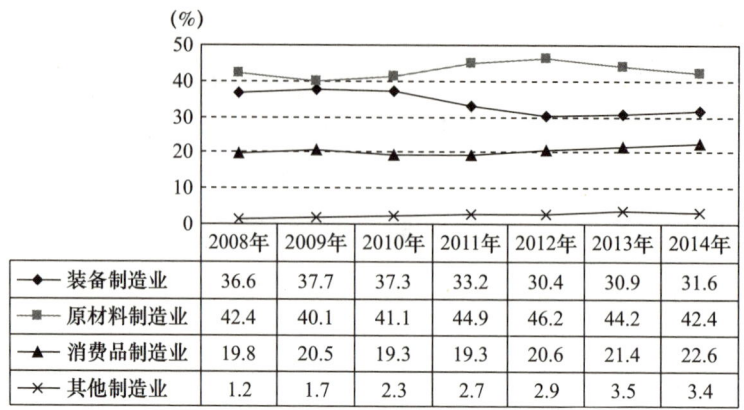

图 3-4　2008~2014 年不同类型制造业工业总产值占比

密集型和技术密集型三类。其中，劳动密集型制造业包括食品、纺织、造纸等 14 个行业大类，资本密集型制造业包括石油加工、黑色冶炼、有色冶炼等 8 个行业大类，技术密集型制造业包括医药制造、汽车制造、通信电子等 9 个行业大类。依据此分类，通过各类型制造业工业总产值占全省规模以上工业总产值的比重变化，对全省制造业结构进行分析。

如图 3-5 所示，资本密集型制造业与技术密集型制造业是陕西省制造业的两大主体产业，两者完成工业总产值合计占全省规模以上工业总产值的 80% 左右，但总体占比呈逐年减少的趋势。同时，两大类型制造业占比变化趋势大致相反：2008~2012 年，资本密集型制造业产值占比表现为上升趋势，提高了近 5 个百分点；2013~2014 年逐年降低，下降了 4 个百分点；主要行业中非金属矿物制品业、有色金属冶炼和压延加工业占比提高幅度较大，石油加工、炼焦和核燃料加工业占比下降较大。2008~2012 年，技术密集型制造业产值占比表现为下降趋势，降低了 7.4 个百分点；2013~2014 年逐年提高，提高了 1.7 个百分点；化学原料和化学制品制造业占比提高较大，装备制造业占比下降较多。主要受食品工业发展带动，劳动密集型制造业工业总产值占比逐年提高，2014 年已超过 20%，较 2008 年提高了 4.9 个百分点。

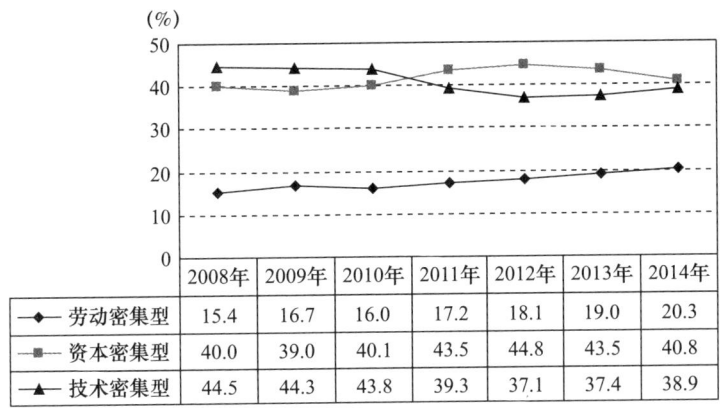

图 3–5 2008～2014 年不同要素密集型制造业工业总产值占比

4. 高技术制造业发展相对缓慢

高技术制造业是集知识密集、技术密集为一体的产业,是衡量一个国家或地区制造业发展的综合实力和竞争力的重要指标,也是未来经济与社会发展最重要的新增长点。近几年来,依托军工企业、科技园区等辐射带动,陕西省高技术制造业得到较快发展,企业数量、资产规模、从业人员、经济效益等指标均显著提高。但是,相对于其他行业,其发展依然较慢。2014 年,全省高技术制造业完成工业总产值 1698.6 亿元,较 2008 年年均增长 15.7%,低于同一时期规模以上工业企业年均增速 2.9 个百分点,低于制造业年均增速 4.3 个百分点。

另外,陕西省是一个文化大省、科技大省,高校、科研院所众多,但是陕西省高技术制造业却未将这一天然优势充分利用,相对于经济发达地区,陕西省企业的创新能力建设相对滞后,科技成果转化能力较弱。2014 年,全省规模以上工业企业 R&D 经费内部支出为 160.69 亿元,仅占主营业务收入的 0.8%,低于全国平均水平。高技术制造业工业总产值占规模以上工业总产值的比重不足 10%,尽管 2013～2014 年的占比有小幅提升,但是总体仍处于偏低水平(见图 3–6)。

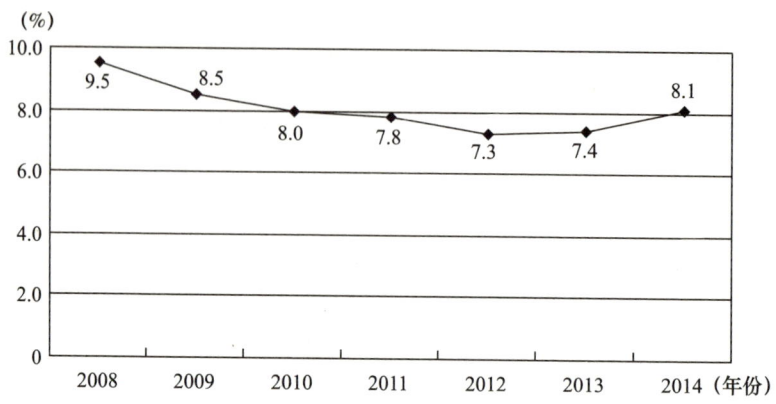

图3-6 2008~2014年高技术制造业工业总产值占比

二、陕西省制造业绿色技术创新的现状

尽管陕西省研发投资总额不断增加,技术创新也在逐步取得显著成果,但是环境污染问题越发严峻,尤其是近年来,诸多较为严重的环境污染事件的集中出现,如雾霾的大面积爆发,似乎预示着环境承载力已达到某种"临界点"。由此可见,一般意义上的技术创新在推动产业升级的同时,并不能解决生态环境的恶化问题,且企业开展技术创新活动的直接目的是获取更多的经济效益,技术创新成果对生态环境所产生的负外部性效应往往被忽视了。事实上,一些新技术的采用恰恰是导致环境污染的重要原因。因此,要使陕西省制造业健康发展,必须对制造业实行绿色技术创新,在保证制造业卓越发展的基础上,保持其可持续性。

为进一步了解陕西省制造业的具体现状及存在的主要问题,研究过程中采用了问卷调查和访谈相结合的方式,并对相关统计数据进行处理和分析。第一,采用抽样调查的方法向高校 MBA 学员现场发放调查问卷,以及通过邮件与问卷星等电子工具向陕西省制造业企业员工发放电子版调查问卷,分析陕西省制造业企业如比亚迪汽车公司、宝鸡吉利汽车有限公司、秦川机床工具集团股份公司、西电集团等的员工对绿色技术创新能力的认识。第二，通过《陕西统计年鉴》《中国科技统计年鉴》和《中国环境统计年鉴》收集陕西省制造业绿色技术创新能力的相关数据。之后，对陕西省制造业绿色技术创新的现状及存在的问题进行综合分析与探讨。

向陕西省制造业不同类型企业发放的调查问卷最终收回635份，其中有效问卷526份。整体来看，所调查的样本企业中民营企业占39.46%、集体企业占13.45%、合资企业占14.28%、独资企业占8.98%、国有企业占14.21%、其他类型的企业占9.62%。

（一）政府环境规制的相关法律法规

近年来，陕西省经济发展步伐较快，环境问题也在短时间内迅速凸显，迫使陕西省在宏观政策导向上将环境保护放在更加重要的位置。而企业若想谋求发展就不能脱离政策的轨道，因此，相关政策法规和经济发展态势成为引发企业进行绿色技术创新的动力之一。

生态文明建设和环境保护的关键是处理好人与自然的关系，在资源能支撑、环境能容纳的基础上，确保经济社会的可持续发展。为应对日趋严重的环境问题如雾霾，2013年3月，陕西省政府出台《陕西省"治污降霾·保卫蓝天"行动方案（2013年）》，并相继出台了五年蓝天行动计划。省政府召开动员大会，在全省打响了治污降霾攻坚战。同年，陕西省积极落实全国"大气十条"，率先出台了《陕西省大气污染防治条例》，被称为陕西省历史上最严厉的地方环保立法。在此基础上，2016年，陕西省政府又出台了《"治污降霾·保卫蓝天"年度工作方案（2016年）》，进一步夯实了属地管理责任和部门监管责任。从2014年起，连续三年分别在宝鸡、铜川和西咸新区召开全省大气污染防治现场工作推进会，调整能源结构，以实现绿色转型。2009~2016年关于陕西省政府环境规制政策谱系如表3-4所示。通过政策谱系可以发现，政府在环境规制方面的相关法律法规政策也是随着经济发展而动态调整的。随着环境保护政策的完善、标准化，制造业的结构调整与产业升级也势在必行，企业的技术创新能力，尤其是绿色技术创新能力在未来市场的竞争中起着决定性的作用。

表 3-4　2009~2016 年陕西省政府环境规制政策谱系

年份	环保法规方面的规范性文件
2016	关于印发《陕西省企业环境信用评价办法》及《陕西省企业环境信用评价要求及考核评分标准》的通知
2015	①关于印发《充分发挥环境保护优化经济增长的指导意见》的通知 ②关于印发《陕西省排污许可证管理暂行办法》的通知 ③关于印发《辐射类行政许可事项办理指南》等文件的通知 ④关于印发《陕西省环境保护厅落实重点污染源监管责任实施办法（试行）》的通知
2014	①关于重新修订并印发《陕西省建设项目环境影响评价文件分级审批办法》的通知 ②关于印发《陕西省环境违法行为有奖举报实施办法（试行）》的通知 ③关于推进重点行业脱硫工程建设进度和质量的通知 ④关于印发《陕西省建设项目主要污染物排放总量指标替代和交易程序》的通知
2013	①关于城镇污水集中处理设施征收排污费有关问题的通知 ②关于特种设备检验检测单位申领辐射安全许可证有关事项的通知
2012	①关于印发《陕西省环境保护厅非辐射类建设项目竣工环境保护验收管理程序（试行）》的通知 ②关于加强电力行业污染减排工作的通知 ③关于印发《陕西省机动车污染减排管理办法》的通知 ④关于印发《陕西省清洁生产审核咨询机构管理暂行规定》的通知 ⑤关于进一步加强流动放射性同位素和射线装置应用监督管理工作的通知 ⑥关于印发《陕西省污染物排放总量与污染物排放许可管理办法》的通知 ⑦关于印发《陕西省化学需氧量和氨氮排污权有偿使用及交易试点方案（试行）》和《陕西省化学需氧量和氨氮储备管理办法（试行）》的通知 ⑧关于进一步规范机动车环保检测机构资质委托工作的通知 ⑨关于印发《陕西省建设项目主要污染物排放总量指标管理暂行办法》的通知
2011	①关于印发《陕西省氮氧化物排污权有偿使用及交易试点方案（试行）》及《陕西省氮氧化物储备管理办法（试行）》的通知 ②关于印发《陕西省建设项目环境监理暂行规定》的通知 ③关于印发《陕西省建设项目竣工环境保护验收申请》的通知 ④关于印发《陕西省环境保护行政处罚程序规定》及《行政处罚法律文书格式》的通知

续表

年份	环保法规方面的规范性文件
2010	①关于印发《陕西省贯彻环境保护部等九部门〈关于推进大气污染联防联控工作改善区域空气质量指导意见〉实施方案》的通知 ②关于印发《陕西省环境保护厅建设项目环境管理规程》的通知 ③关于印发《陕西省二氧化硫排污权有偿使用及交易试点方案（试行）》及《陕西省二氧化硫储备管理办法（试行）》的通知 ④环境保护部关于发布《火电厂氮氧化物防治技术政策》的通知
2009	关于严格执行造纸行业新排放标准有关问题的通知

资料来源：陕西省环保厅官网整理。

（二）陕西省制造业绿色技术创新多为政府主导

随着环境管制政策的强制实施，产品和技术的绿色技术创新已成为发展趋势并成为重要的竞争手段，也是评估企业竞争力的一个重要因素。制造业企业作为造成环境污染与发展冲突的主要源头，将面临越来越严峻的环境问题的挑战。绿色技术创新将成为继质量创新之后，与制造业企业发展密切相关的另一关键名词。绿色技术创新已成为现代制造业企业未来可持续生存的基础条件和发展动力。由于绿色技术创新具有外部性，且从短期来看企业的收益与投资比并没有显示出同其他技术创新活动的优越性，所以近年来的企业绿色技术创新多由政府激励促成。一方面是政府制定相关法律细则和标准，约束企业产品品质及生产过程中的污染排放，从而迫使企业改进生产工艺，进行绿色生产。同时出台一些奖励政策，支持环保和高科技企业的科技创新活动，诱导企业积极从事绿色技术创新。除了宏观的政策，为进一步保护环境而修改和制定的更加严苛、具体的法规和细则也不断出台，而原有的环境法规也更加细化，执法力度也进一步加大。在新的发展形势下，政策的导向和法律的规制都驱动企业走向绿色技术创新的道路。另一方面是以国家项目方式直接启动绿色技术创新项目。陕西省"十三五"专项规划分工中涉及绿色技术创新的包括：陕西省"十三五"

产业调整规划、陕西省"十三五"创新驱动规划和陕西省"十三五"生态环境保护规划。

在《〈中国制造2025〉陕西实施意见》重大项目表和重点任务分工中明确提出要"突出创新驱动,构建制造业开放式创新体系"和"聚焦绿色制造,实现制造业可持续发展";制定实施绿色制造工程实施方案;加快建立能效"领跑者"制度,实施节能改造工程,推广高效低碳技术和产品;组织实施锅炉(窑炉)、电机系统、余热余压利用、能量系统优化等节能改造;推进重点用能企业能源数据在线监测和工业能源智慧化管理;鼓励工业园区和企业建设分布式绿色智能微电网,控制和削减化石能源消费量;高水平建设绿色数据中心,降低大数据产业能耗;加快国家城市能源计量陕西中心建设,全面提升陕西省能源计量监管能力水平,利用5年时间,实现全省年综合能源消费总量超过3000吨标准煤的规模以上工业企业的首次能源计量审查工作基本覆盖,完成651家重点用能单位能源计量审查工作;在钢铁、水泥、玻璃和化工等重点行业重点企业实施强制性清洁生产审核;开展ISO14000环境管理体系、环境标志产品和其他绿色认证;建立健全生态补偿、水权交易、排污权交易、用能权交易、碳排放交易等机制;扩大环境污染责任险试点范围,利用费率机制鼓励企业加大减排力度;大力发展环保产业,推动废旧物资源化再利用;开展工业产品生态设计试点;加强工业园区循环化改造,对全省工业园区全面开展清洁生产审核,建设3~5个国家级循环经济示范区、100个绿色示范工厂和20个绿色示范园区;制定绿色产品、绿色工厂、绿色园区、绿色企业标准体系,开展绿色评价。

(三)陕西省制造业研究与试验发展(R&D)支出与专利申请状况

研究与试验发展经费内部支出和专利申请书数量可以反映绿色技术创新能力的水平。研究与试验发展经费内部支出和专利申请书数量能促进绿色技术创新能力的提升。国家环保总局信息中心的数据显示:我国绿色技术创新涉及的门类有清洁汽车、污水处理装置、放射性与噪声污染防治技术、环保纳米新材料、氟利昂替代品、"干水"技术、机动车尾气净化技术、可降解餐具、太阳能技术、醇类燃料、活菌生物净水技术、地下煤层气化技术、等离子空气净化技术、新型纤维素纤维、光催化空气净化技术、洁净煤技术、高效可降解农药等。2014 年，陕西省制造业 R&D 经费内部支出为 152.5 亿元，同比增长率为 13.95%；陕西省制造业专利申请书数量为 6846 件，同比增长率为 3.27%。如图 3-7 和图 3-8 所示，在"十二五"期间，制造业 R&D 经费内部支出与专利申请书数量呈上升的趋势，但是相应的同比增长率在 2011 年达到最大值，之后有下降的趋势。在 2008~2011 年，陕西省制造业 R&D 经费内部支出同比增长率与专利申请书数量同比增长率呈上升趋势；2011~2014 年，陕西省制造业 R&D 经费内部支出同比增长率呈下降趋势。

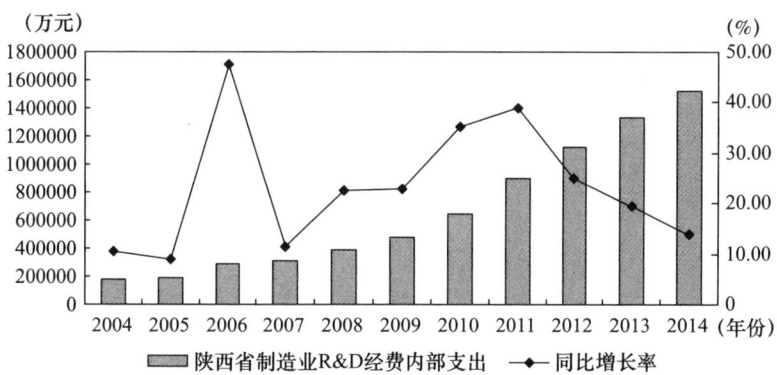

图 3-7　陕西省制造业 R&D 经费内部支出与同比增长率

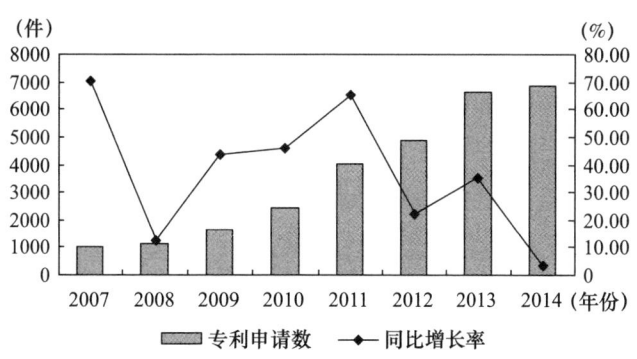

图 3-8　陕西省制造业专利申请书数量与同比增长率

三、陕西省制造业绿色技术创新中存在的问题

我国科技发展的现状是资源能源利用率相对较低,单位产值的资源消耗与能耗水平高于世界同等发达国家先进水平,能源供需问题严重,矛盾加剧,能源安全问题已不容忽视。面对如此形势,提高资源利用率、减少环境污染、消除安全隐患迫在眉睫,实行绿色技术创新及其产业化发展的迫切性已是时代的紧迫需求。从全国来看,陕西省制造业在全国制造业中的占比偏低,整体实力仍然较弱。2014年,陕西省制造业单位数占全国制造业单位数的1.2%,资产总计占全国的2.1%,主营业务收入占全国的1.4%,利润总额占全国的1.4%。在2015年中国装备制造业100强当中,陕西省制造业仅有陕西有色金属控股集团有限责任公司(47位)和陕西汽车控股集团有限公司(58位)两家企业,从数量上来看远落后于广东、江苏等东部沿海发达省份,也落后于四川、重庆两个西部省(市)。从自身来看,陕西省制造业存在以下几方面问题:一是国有体制和国防军工比例高,民营体制与民用产品比例低;二是陕西省制造业产业结构性问题和体制结构性问题都比较明显,小农意识较浓且市场意识较淡;三是陕西省制造业中中小企业和本地化企业数量多,大的龙头企业和国际化企业数量太少;四是陕西省制造互不关联的产品与技术琳琅满目,缺乏大的产业链和产业集群。

据陕西省统计局发布的数据显示,陕西省经济数据全面偏弱,经济下行压力仍大。2015年9月和10月,陕西省制造业采购经理指数(PMI)分别是47.9%和47.8%,均位于临界点以下,分别低于全国同期PMI指数1.9个百分点和2个百分点。2015年10月,陕西省工业生产者出厂价格同比下降9.4%(全国下降5.9%),工业生产者购进价格同比下降5.3%(全国下降6.9%)。2015年1~10月,全省工业生产者出厂价格累计下降9.0%(全国下降5.1%),购进价格累计下降4.8%(全国下降6.0%)。截至2015年10月,PPI同比指数连续40个月呈下降趋势(仅2012年12月持平)。从陕西省制造业企业经营状况来看,2015年,诸多陕西省制造业企业面临产品价格和企业净利润的双重大幅下降。以主营

钛等稀有金属新材料的西部金属材料股份有限公司为例，2015年前三季度亏损6723万元，净利润同比下滑逾52倍，基本每股收益亏损0.3850元。为摆脱困境，公司宣布，拟募集资金9亿元投向核电、环保项目，加速公司在新兴领域的战略布局。作为全国知名的制造业大省，陕西省制造业发展具有以下三大优势：一是陕西省教育资源丰富，人才众多。2015年陕西省高校毕业生达33.8万人，再创历史新高，这为陕西省制造业再创辉煌提供了雄厚的人才保障。二是陕西省拥有大批的高新产业资源，将为"智造"的升级提供强大的支撑。三是陕西省不受传统制造业尾大不掉的束缚，它的转型阻力更小。

（一）陕西省制造业结构调整存在的问题

近几年来，陕西省应对工业经济中的新情况和新问题，积极调整工业结构，取得了一些积极的变化，制造业在全省工业发展中的作用日益增强。然而，结构调整并非一蹴而就，需要一个较长的过程，当前陕西省制造业结构还存在一些突出问题：

第一，制造业全而不强。陕西省工业自新中国成立以来经过几次集中建设和发展，行业相对齐全，目前制造业所涵盖的31个大类陕西省都有涉及，但是从全国范围看，其整体规模偏弱，主要指标在全国的占比仅为2%左右。同时，陕西省制造业门类虽然比较齐全，但由于生产比较分散、产业集中度下降，相关企业间的分工协作水平低，配套能力较低，影响制造业结构升级和竞争力的提升。尽管企业数量增多，但是大企业的引领作用和凝聚作用减弱，存在一定的无序竞争和资源浪费现象，进而挫伤了企业技术创新的积极性，使陕西制造业的竞争力和知名度受到影响。

第二，资源优势未能充分发挥。陕西省作为能源和资源大省，拥有丰富的矿产资源，原煤产量位列全国第三，天然原油产量位居第二，天然气产量位居第一。由于陕西省的自然资源丰富，因此在陕西省制造业行业中，过于依赖能源资源、矿产资源等资源型的企业存在很多。这些企业比较容易受市场的影响和制约，大部分的企业仍然热衷于资源的初级开发，大多数情况是以能源和原材料等初级产品占主导地位。这些企业的存在就导致陕西省制造业产业深加工度不高，其产品多位于产业链低端，且以原材料和初级加工为主，产业链短、能耗高、污染大、效益低、可持续发展能力不强,给环境带来了巨大压力。这种产业结构不合理,经济增长明显依靠石油、有色、煤炭等少数资源型行业支撑,一旦出现波动,对全省工业增长特别是陕西省制造业影响较大。

第三,高技术产业发展相对缓慢。近年来,高技术产业的发展得到各级政府的高度关注,以大力发展高技术产业带动整体产业结构调整、转型升级已成为广泛共识。但是,陕西省高技术产业规模偏小,占比呈现下降趋势,且企业对科技进步和技术创新方面投入的人力、物力都相对有限,用于科研活动的经费占主营业务收入的比重低于全国平均水平。制造业大多集中在附加值低的劳动密集型产业上,高技术产业严重匮乏,这使得制造业盈利能力非常有限。而且,目前生产环节仍然是制造业的重点环节,研发、品牌营销、售后服务等环节仍没有得到足够的重视。然而,随着国内国际环境的变化,原材料、劳动力成本等不断升高,使制造业的获利空间不断缩小。企业自主创新能力较低,科技成果转化效率慢,对工业经济的引领和带动作用有限。

(二)企业激励措施有限,对绿色技术创新能力的重视程度不足

与其他发达省份相比,陕西省制造业无论是设备还是产品的技术含量都较为落后,创新能力不强,对于核心技术和关键设备还主要依靠国外引进,引进技术的消化吸收能力较弱,产品更新换代和技术升级较慢,尚未形成具有一定竞争优势的新产品,就成为了陕西省面对的主要问题。此外,陕西省企业绿色技术创新的技术基础比较薄弱,技术选择环境也较差,普遍缺乏专业的环保技术人员,可见陕西省企业整体的研究开发能力亟待提升。因此,在对于企业管理者激励员工进行绿色技术创新的措施,8.7%的被调查对象认为是期权或股权;46.1%的被调查对象认为是增加工资或奖金;11.6%的被调查对象认为是给予汽车或住房物质奖励;38.2%的被调查对象认为是岗位调整或升职机会;35.3%的被调查对象认为是提供培训或深造机会。企业采取的激励创新的措施主要包括期权或股权、增加工资或奖金、给予汽车住房等物质激励、岗位调整或升职机会、提供培训或深造机会等。陕西省制造业企业对绿色技术创新激励措施整体上注重软措施而忽视硬措施,即重视通过提供岗位调整或升职机会、提供培训或深造机会等激励员

工创新，忽视通过增加工资或奖金、给予汽车住房等物质激励等措施，且注重职工长远利益而忽视短期利益，结果就导致企业激励措施在企业创新活动中的作用受限，企业创新的质量和数量得不到保障。

分析调查问卷可知，41.6%的被调查对象认为企业人员对绿色技术创新能力的重视程度一般，32.1%的被调查对象认为企业人员对绿色技术创新能力的重视程度差，26.3%的被调查对象认为企业人员对绿色技术创新能力的重视程度好。此外，26.1%的被调查对象认为企业员工节能减排、环保意识一般，58.2%的被调查对象认为企业员工节能减排、环保意识好，15.6%的被调查对象认为企业员工节能减排、环保意识差。但是，高达72.3%的被调查对象认为绿色技术创新能力是本企业提高未来竞争力的必经之路。企业人员有较强的节能减排、环保意识，但是对绿色技术创新能力的重视程度不足，但在市场环境下，又认识到绿色技术创新能力是本企业提高未来竞争力的必经之路。这也表明企业激励措施有限，应完善激励措施鼓励员工进行绿色技术创新。

（三）企业家绿色技术创新发展战略意识薄弱

企业创新战略目标是企业顺应时代发展需要而指定的企业未来一定时间的创新内容和方向。在"十三五"期间，陕西省要率先建成创新型省份，企业家就必须担起大任。因而，拥有国际化视野和长远眼光，根据时代需要和经济社会发展趋势，制定既具有可操作性又具有前瞻性的企业创新战略目标，就成为企业家的核心任务。从比较分析的结果看，陕西省企业家的企业创新战略目标低，与"十三五"全面建成小康社会、率先建成创新型省份差距较大。

1. 企业创新发展战略缺乏

调查结果显示，陕西省59.3%的企业家为今后几年发展制定了创新战略目标，但仍有40.7%的企业家没意识到企业的危机感，无创新战略目标。陕西省有创新发展战略的企业所占比重虽比全国54.5%的平均水平高一些，也高于上海市、重庆市、湖北省和四川省，但与创新型省份江苏的63%、安徽的61.1%相比，还有一定差距。陕西省企业家已对未来创新竞争做了一定准备，但准备仍不够。

2. 企业创新发展战略目标过低

陕西省企业家选择的创新战略目标相对较低。表3-5是陕西省与其他省市企业创新战略目标的比较,可以看出:在"保持本领域的国际领先地位"的战略目标上,陕西省企业家的选择占比只有2.9%,低于4%的全国平均水平,也低于上海、北京、安徽、江苏、重庆等省市。在"赶超同行业国际领先企业"的战略目标上,陕西省企业与全国企业的占比相当,均为5.6%;该值虽然高于安徽,但却低于上海、天津、浙江和江苏等省市。陕西省企业对"赶超同行业国内领先企业"的战略目标关注度虽高于全国平均水平和经济发展相对落后的其他省市,但低于北京、上海等创新资源富集、创新集群基本形成的省市。陕西省企业家仍将"增加创新投入、提升企业竞争力"等作为企业最终战略目标,企业占比54.6%,高于全国52.7%的平均水平,但低于安徽省、重庆市、四川省的水平。陕西省将自身打造成国际领先企业的企业家很少,远不能满足"一带一路"倡议、供给侧结构改革背景下创新、开放和绿色发展对企业的要求。

表3-5 陕西省与其他省市企业创新战略目标的比较 单位:%

比较内容		陕西省	北京市	天津市	上海市	江苏省	浙江省	安徽省	湖北省	重庆市	四川省	全国
有无目标	无	40.7	39.6	37.5	45.2	37	40.4	38.9	43.6	47.9	42.5	45.5
	有	59.3	60.4	62.5	54.8	63	59.6	61.1	56.4	52.1	57.5	54.5
创新战略目标	1	2.9	5.1	5.6	11.1	3.9	3.2	3	2.9	3.4	2.5	4
	2	5.6	5.5	6.7	8	5.9	6	4.6	5.2	5.6	4.8	5.6
	3	20.7	21.7	20.6	23.6	19.5	20.1	19	20.2	18.4	18.6	19.7
	4	54.6	48.9	46.2	40.7	50.6	54.5	56.2	54.1	56.6	55.4	52.7
	5	15.9	18.3	20.8	16.3	19.9	16	17	17.4	15.5	18.4	17.7
	6	0.3	0.5	0.1	0.3	0.01	0.3	0.3	0.2	0.5	0.4	0.3

注:其中1代表"保持本领域的国际领先地位";2代表"赶超同行业国际领先企业";3代表"赶超同行业国内领先企业";4代表"增加创新投入、提升企业竞争力";5代表"保持现有的技术水平和生产经营状况";6代表"其他"。

资料来源:国家统计局社会和文化产业统计司.2014年全国企业创新调查统计资料[M].北京:中国统计出版社,2016.

（四）以企业为主体的产学研协同创新机制没有建立

良好的产学研协同创新机制是国家或区域创新系统有效运作的重要环节。尽管改革开放以来，通过整合、统筹科技创新资源，陕西省出台了相关政策鼓励产学研合作创新，但由于体制机制没有理顺、对创新的国际化重视不够等，陕西省产学研各单位之间、省内与省外之间、境外产学研单位之间的联系依然比较松散，以企业为主体的国际产学研协同创新机制一直未有效建立。调查问卷分析结果表明，9.3%的被调查对象认为企业在绿色技术创新方面的外源及合作程度很差，19.5%的被调查对象认为企业在绿色技术创新方面的外源及合作程度较差，46.9%的被调查对象认为企业在绿色技术创新方面的外源及合作程度一般，15.6%的被调查对象认为企业在绿色技术创新方面的外源及合作程度较好，8.7%的被调查对象认为企业在绿色技术创新方面的外源及合作程度很好。

1. 企业自身是产品创新和工艺创新的主体，与高校院所和境内外企业缺乏有效合作

从创新实施主体看，陕西省企业产品创新、工艺创新均以企业独立开发和集团内部企业开发为主。2014年陕西省企业创新调查的结果如表3-6所示：在有产品创新活动的企业中，陕西省有71.2%的创新是由企业独立开发的，10.9%与集团内企业合作，与境内研究机构、高等院校合作实施创新的比例分别为4%、14.5%，与境内其他企业合作占10.6；在开展工艺创新的企业中，60.4%由企业独立开发，11%与集团内企业合作，与境内研究机构、高等院校合作开发的比例分别占2.7%、11.6%。而同期，全国在有产品创新活动企业中，76%的创新由企业独立开发，8.1%与集团内部企业开发，与境内研究机构、高等院校合作实施的创新分别占2.6%、11.3%，与境内其他企业合作占8.3%。

从高等院校和研究机构的研发经费来源来看，2014年，陕西省来自企业的资金占比9.5%，低于全国平均水平3.4个百分点，表明有明确市场需求的科研成果占比偏低。此外，2014年，陕西省规模以上工业企业与高等院校和研究机构的合作项目占17.1%，而企业独立研究项目占74.9%；规模以上工业企业委

表3-6 陕西省与国内其他省市产学研合作创新的情况比较

	比较内容	陕西	北京	天津	上海	江苏	浙江	湖北	重庆	全国
产品创新实施主体占比（%）	独立开发	71.2	84.5	77.3	79.3	76.3	81.5	72.4	72.5	76
	与集团内企业合作	10.9	10.5	10.2	10.8	7.5	5.2	9.2	9.4	8.1
	与境内其他企业合作	10.6	13.4	8.5	10.3	6.9	5.9	9.2	11	8.3
	与境内研究机构合作	4	3	2.7	2.1	2.2	1.5	3.3	3.1	2.6
	与境内高等院校合作	14.5	9	9.4	9.1	12.8	10.1	16.8	9.4	11.3
	与境外企业或机构合作	1.9	3.9	3.2	7.8	3.6	2.2	2	2.9	3.1
工艺创新实施主体占比（%）	独立开发	60.4	69.2	73.7	70	73	76.8	63.5	61.9	66.9
	与集团内企业合作	11	13.6	8.9	14	6.9	6	11.2	9.8	8.5
	与境内其他企业合作	12.9	16.5	10.1	12.2	9.3	9	10.4	11.2	10.5
	与境内研究机构合作	2.7	2.5	2	1.6	2.2	1.6	3.1	2	2.3
	与境内高等院校合作	11.6	7.3	8	7.1	11.6	10.3	14.6	7.5	9.7
	与境外企业或机构合作	1.5	3	2	6.5	2.9	1.7	1.4	1.5	2.5

资料来源：国家统计局社会和文化产业统计司.2014年全国企业创新调查统计资料[M].北京：中国统计出版社，2016.

托高等院校和研究机构开展研发的经费支出为6.7亿元，仅占企业研发经费的4.2%。

陕西省企业缺乏与高等院校、研究机构和境内外企业或其他机构的有效合作，这从企业创新合作伙伴选择角度也可以看出来。陕西省企业首选的是客户或消费者，然后依次是高等院校、供应商、集团内其他企业和研究机构等。而在上海，集团内其他企业是企业创新伙伴的首选，然后依次是客户或消费者、供应商、高等院校、研究机构、行业协会等。

2. 国际产学研合作机制没有建立

通过将陕西省产学研合作创新实施主体情况与北京、天津、上海、江苏、浙江、湖北、重庆等省市和全国产学研合作创新实施主体情况的平均水平相比较就可以看出，陕西省企业与境外企业或机构开展的合作创新很少。从企业创新整体来看，陕西省企业在与境外企业或机构的合作研发问题上一直没有新的突破。2014年陕西省企业创新的调查结果（见表3-6）表明：在产品创新上，上海、江苏、北京本地企业与境外企业或机构开展的合作创新活动分别是陕西的4倍、1.9倍、2倍;在工艺创新上,上海、江苏、北京本地企业与境外企业或机构开展的合作创新活动分别是陕西的3.7倍、1.99倍、2倍等。陕西省应积极向上海、北京、江苏、天津等省市学习,深化国际产学研合作,积极打造世界创新中心。

(五)创新的投入产出不匹配,创新产出的质量和效率有待提高

1. 创新的投入多而产出低,不匹配现象严重

陕西省制造业创新资金投入持续增长。在陕西省政府的科技拨款中,政府对制造业尤其是高新技术产业的贷款逐渐增加。与全国其他省市相比,陕西省技术创新活动占政府资金的比重较多,居全国第二位。政府充分发挥了对制造业发展的支持作用,在财政和税收支持的同时大力招商引资,使陕西省制造业产业的综合实力得到了发展,基础设施和科技条件都有所改善。陕西省加大对创新型企业的支持力度,省级科技计划经费的60%用于支持企业开展技术创新,鼓励企业与高等院校、研究机构开展合作创新。设立陕西省科技型中小企业创新基金,优先支持处于种子期、初创期的重点自主创新成果产业化中试;鼓励各区市设立科技型中小企业创新基金。在加大资金投入的同时,陕西省设立人才发展专项资金,纳入财政预算管理,对现有财政用于人才投入的资金进行整合、归并,集中财力用于经济社会发展关键领域人才的培养、引进和使用,进一步加大了人力资源的投入。

为推动区域创新,世界主要国家和地区都非常重视研发经费的投入及产出效率。虽然陕西省近些年来在制造业特别是工业支柱性行业的投资实现了较大的突破,但是制造业中大多数企业属于小规模企业,虽然资金投入多,但是其研发能力还是较为薄弱,致使其自主开发能力较差、创新能力不高。衡量创新投入的最核心指标是研发经费投入强度,即研发(R&D)经费支出占其GDP的比重;衡量创新产出的指标主要包括专利申请量、发明专利授权量及其占授权专利的比值、高技术产业产值、技术市场成交额等,其核心指标是发明专利授权量占当年专利授权量的比重。

表3-7是2014年陕西省研发投入产出与国内其他省市主要指标比较结果。2014年,陕西省研发经费总支出为366.77亿元,研发投入强度为2.07%,获得

专利授权量 4885 项,其中发明专利授权量占授权的比重为 21.41%,平均每亿元研发经费支出获得授权发明专利 13.31 件,实现高新技术产业产值 1650 亿元,平均每亿元研发经费支出创造高新技术产业产值为 4.49 亿元。同年,上海市研发经费总支出为 831 亿元,研发投入强度为 3.6%,获得发明专利授权量 11614 项,高新技术产业实现产值 6648.34 亿元,平均每亿元研发经费支出获得授权发明专利 13.47 件,创造高新技术产业产值 7.71 亿元。陕西省研发经费的投入产出比低于上海市,投入产出效率低。

2014 年,陕西省规模以上工业企业发明专利申请量为 3171 件,比 2013 年增长 0.3%,低于全国平均水平 16.7 个百分点。发明专利占专利申请量的比重为 43.1%,比 2013 年下降了 0.5 个百分点。每亿元 R&D 经费产生的发明专利申请量为 19.7 件,比上年下降了 2.9 件,低于全国平均水平 6.2 件(表中未显示)。

2014 年,全国共投入研究与试验发展(R&D)经费 13015.6 亿元,比上年增加 1169.0 亿元,增长 9.9%;研究与试验发展(R&D)经费投入强度(与国内生产总值之比)为 2.09%,比上年提高 0.04 个百分点。分地区看,研究与试验发展(R&D)经费支出最多的 6 个省(市)为:江苏(12.7%)、广东(12.3%)、山东(10%)、北京(9.7%)、浙江(7%)和上海(6.6%)。研究与试验发展(R&D)经费投入强度(与地区生产总值之比)达到或超过全国平均水平的有北京、上海、天津、江苏、广东、浙江、山东和陕西 8 个省(市)。

表 3-7 2014 年陕西省研发投入产出与国内其他省市主要指标比较

省市	研发经费支出(亿元)	研发投入强度(%)	专利授权量(项)	发明专利授权量(项)	占比(%)	年末拥有有效发明专利数(件)	高新技术产业产值(亿元)	高新技术产品出口额(亿美元)	技术市场成交额(亿元)
陕西	366.77	2.07	22820	4885	21.41	11246	1649.5	—	640.02
北京	1286.6	6.03	74661	23237	31.12	43874	—	—	3137.2
天津	464.7	3	26351	3279	12.44	17590	—	—	388.56
上海	831	3.6	50488	11614	23	52688	6648.34	—	592.45
江苏	1630	2.5	200032	19671	9.8	96389	—	1293.6	543.16
浙江	1470	2.34	188544	13372	7.9	40217	—	—	87.25
安徽	408.7	1.96	48380	5184	10.72	24253	—	60.9	169.83

续表

省市	研发经费支出（亿元）	研发投入强度（%）	专利授权量（项）	发明专利授权量（项）	占比（%）	年末拥有有效发明专利数（件）	高新技术产业产值（亿元）	高新技术产品出口额（亿美元）	技术市场成交额（亿元）
湖北	510	1.86	28290	4855	17.2	17014	—	—	580.69
广东	1627	2.37	179955	22276	12.38	201044	51800	2310.5	413.25
重庆	190	1.33	24312	2321	9.55	8155	—	312	156.2
四川	—	—	47120	5682	12.1	19501	—	—	199.05
全国	13015.6	2.09	1302687	233228	17.9	656869	88433.85	6605	8577.18

2. 创新产出的质量和效率亟待提高

在知识经济时代背景下，绿色技术创新是企业获取竞争优势的关键。目前，陕西省制造业企业自主创新能力缺失，在省市地区价值链中处于略微低端的位置，创新资源严重不足是制约其制造业自主创新能力提高的主要原因，在创新资源有限的情况下只能依靠提升绿色技术创新效率来获得创新能力的提升。陕西省研发投入和规模以上工业企业新产品销售规模虽逐年扩大，但新产品销售收入占主营业务收入的比重上升幅度却不大，且持续低于全国平均水平。2012~2014年，全省研发经费支出增速分别为13.65%、19.16%和7.1%，其中规模以上工业企业研发经费支出增速分别为23.4%、17.6%和14.7%；新产品销售收入各年增速分别为-9.7%、16.51%和10.9%，分别低于研发经费支出增速33.1个、1.1个和3.8个百分点；全省规模以上工业企业新产品销售率分别只有5.3%、5.6%和5.8%，分别低于当年全国水平6.6个、6.8个和7.1个百分点，且这种趋势还有可能继续。因此，陕西省规模以上工业企业的创新产出质量和效率亟待提高。

（六）环境保护的积极性有待提高且创新优惠政策贯彻落实不到位

1. 政府环境保护的积极性有待提高

经济分权是中国经济快速增长的重要动力。但是，经济分权的治理体制并不足以解释中国的"增长奇迹"。如果地方政府官员发展经济的目的仅仅是增加财政收入，或者是在当地居民中获得好的声誉，则激励绝不会像我们所观察到的那样大。事实上，中国采取了一种更为有效的对地方政府的激励模式——"晋升锦标赛"模式。"晋升锦标赛"是由上级政府直至中央政府推行和实施，上级政府通过设定一定的参赛标准（该参赛标准应该是可度量和比较的），地方政府围绕参赛标准展开竞争，优胜者获得更高一级职位的晋升机会，失败者则失去晋升机会或出局。中国的行政晋升采取的是逐级淘汰制，也就是说只有在本轮竞争中胜出的人才有进入下一轮竞争的机会，且官员一般不能越级升迁，再加上中国官员的任期制和干部队伍的年轻化改革，因而干部的仕途寿命是有限的。为了在有限的时间内晋升到尽可能高的职位，地方政府官员会尽可能地抓住每一个晋升机会，围绕着上一级政府设立的竞赛标准展开竞争。由于晋升的岗位只有一个，一个人的晋升必然意味着其他人被淘汰，这种零和博弈的结局必然会使地方政府之间的竞争更加激烈，因此，"晋升锦标赛"可以将关心仕途的地方政府官员置于强力的激励之下。在环境规制过程中，地方政府会以上级政府设定的考核标准为目标，以如何在竞争中胜出为标准选择自己的行为方式。政府对环境保护越来越重视，从制度上不断健全完善，如对《中华人民共和国环境保护法》进行了修订，将《中华人民共和国大气污染防治保护法》几乎全文修改，这些都释放出一种信号——政府要严厉打击污染环境和破坏生态的企业行为，还给人民期待的蓝天白云、碧水青山。现代政府作为责任体系，在我国环境友好型、资源节约型社会中一直居于主导地位，但是，现如今政府对于环境保护的作为不甚理想，引发民众深深的质疑。一般地，面对中央政府的环境规制政策，地方政府的努力配置有三种选择：不执行环境规制政策、严格执行环境规制政策、弱化执行环境规制政策（见图3-9）。究竟选择哪一种努力配置程度，取决于哪种努力配置程度能给地方政府官员带来更大的利益。

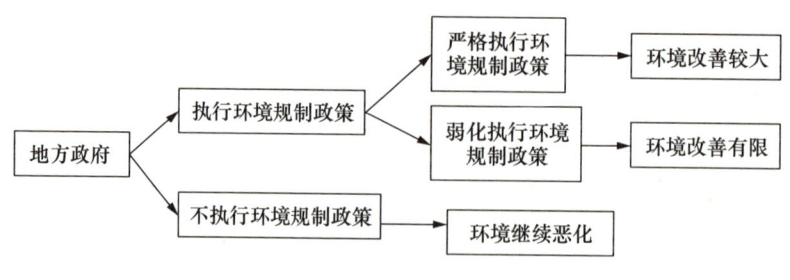

图3-9 地方政府环境规制努力配置程度

2. 企业经营者对各级各类扶持企业创新的优惠政策不信任

调查显示，2013~2014年，陕西省45.1%的企业家认为，国家制定和实施的"企业研发费用加计扣除税收优惠政策对企业创新活动的影响为高或中"，也就是说，还有54.9%的企业家认为"相关优惠政策对企业发展创新活动影响较小或没影响"，优惠政策的实施在企业创新活动中所起作用不大。表3-8表明，陕西省企业家认为所调查的6项政策对企业创新未产生影响的比例均高于全国。

表3-8 认为有关政策对企业创新未产生影响的企业家占比　　　单位:%

政策类型	陕西	全国
企业研发费用加计扣除税收优惠政策	46.4	41.3
高新技术企业所得税减免政策	49.0	45.6
企业研发活动专用仪器设备加速折旧政策	50.9	45.8
科技开发用品免征进口税收政策	63.2	54.6
技术转让、技术开发收入免征增值税和技术转让减免所得税优惠政策	56.7	50.9
鼓励企业吸引和培养人才的相关政策	29.9	31.5
优先发展产业的支持政策	34.8	36.4
金融支持政策	31.1	33.7
创造和保护知识产权的相关政策	36.0	34.3

资料来源：国家统计局社会和文化产业统计司.2014年全国企业创新调查统计资料[M].北京：中国统计出版社，2016.

3. 企业创新优惠政策的宣传、服务和指导工作尚未到位

从企业家对促进科技企业创新九大类政策的了解和熟悉程度来看，陕西省企业家对所有鼓励企业创新政策的熟悉程度不但低于全国平均水平，而且也低于已开展创新型省份建设的江苏、安徽两省，甚至比同处西部地处的四川省还要低。对于九大类政策，陕西省企业家中"不知道此政策"的占比不但均高于全国平均水平，而且也高于参与比较的相关省份。很显然，陕西省在科技创新政策方面的宣传做得还很不到位。

另外，企业创新政策实施手续比较烦琐，政府部门执行力度不够。企业创新政策不仅与政府在经济政策问题上的认识密切相关，而且与总体的科学技术政策密切相关。发展创新政策最重要的目的是要把科技政策与政府其他政策有机联系和结合起来，并且使之成为一个相互联系、相互作用的有机整体，从而简化企业创新政策实施手续，有效地鼓励企业进行创新。在优惠政策办理方面，与正在建设创新型省份的江苏、安徽相比，陕西省在多个优惠政策实施方面的手续明显烦琐。即使与四川相比，陕西省的政策落实手续也较烦琐，这说明政府政策执行力度明显不够。与创新型省份江苏、安徽和创新活跃的北京市相比，陕西省政府政策执行力度明显过低。

第四章
政府环境规制与企业绿色技术创新博弈分析

一、政府环境规制与企业绿色技术创新博弈模型

当前环境污染、生态失衡已经成为严重威胁人类生存的重要问题。因此,必须把环境保护与技术创新作为转变经济发展方式的重要战略。随着经济的发展以及工业化、城市化进程的推进,中国生态环境遭到了严重的破坏。在2012年美国耶鲁大学和哥伦比亚大学联合推出的"年度全球环境绩效指数"(EPI)排名中,中国在132个国家中综合得分排名为第116位,这不仅反映了中国环境污染的严重程度,也反映了相对较弱的环境规制强度。因此,加强环境规制成为中国的必然选择。然而,中国仍是发展中国家,在转变经济发展方式的同时,应通过加强环境保护来实现环境规制与技术创新的协同发展。技术创新是实现环境保护和经济发展"双赢"的决定因素,环境规制与技术创新之间的相互影响一直是研究的热点问题。

(一)绿色技术创新的影响要素分析

1. 企业的主体作用

从实践的角度来看,所谓"主体"是指实践活动的具体承担者,是从事认

识、实践活动的基本单元。企业作为绿色技术创新主体是指企业在科研成果开发与商业化转换的过程中占有主导地位，发挥主要作用。从系统论的角度来看，绿色技术创新是相关联的企业、科研机构、政府、金融机构等在相互影响过程中发挥各自独特作用的结果。企业的主体作用体现在对这些关联元素进行组合，而其他角色则起到辅助补充的作用。

首先，高等院校和研究机构作为知识创新的主体，其发明专利成果只有通过技术的、工艺的和商业化的过程才能实现经济效益，只有通过企业的作用才能从潜在的生产力转化成现实的生产力。正是因为企业在科研成果市场化转换过程中起到重要作用，所以生产实践中的材料创新、设备创新、人事创新以及要素组合方法创新中的工艺创新、组织创新等，是企业广泛运用先进技术的必由之路，也是其他社会机构与组织无法承担和替代的，这就确定了企业在技术创新过程中的主体作用。

其次，技术创新是一个多阶段决策的复杂过程，同时涉及创新决策主体、创新研发主体、工艺创新主体、市场开发主体、管理创新主体等活动过程，这些技术创新的功能主体，强调要素间的合作性、同步性，要求各阶段创新主体打破各自局限，从创新整体利益最大化的高度来审视各自的主体作用，只有企业组织能够采用成本最低的方式把众多功能主体融为一体，实现研发人员与营销人员间的密切联系与合作、R&D 主体与生产技术创新主体间在企业中的协同、工艺创新主体的创新活动与市场创新主体的交叉协调，使企业在市场条件发生重大变化时仍能表现出一种动态的适应。

最后，从企业创新模式来看，无论是企业通过自己设立的研发部门开展内部技术创新，还是企业以合作的方式实现的合作型技术创新，或者是企业委托研究机构、高等院校或其他企业承担研发的合同型技术创新，企业对技术创新的方向、产生、发展都起着能动的主体作用。

2. 政府的主导作用

由于环境的外部性导致市场失灵，因此环境保护就本质上而言，是要通过政府干预，实现企业对外部环境成本的内部化，使因为企业生产造成的环境成本损失由社会承担转由相关的企业或消费者承担。面对资源短缺和环境污染压力，如何采用适当的环境规制手段（如环境标准、税费制度、排污权交易、信息机制等）诱导企业进行绿色技术创新，使企业生产满足长期的可持续发展需求，同时在短期内不减弱甚至提高其竞争力，就需要政府充分有效地发挥其主导作用。对企业而言，环境政策的设计和执行状况将对其创新和效益产生明显的影响。例如，严格的规制政策使企业生产投入要素价格变化、环境成本增加，导致企业寻求绿色技术改进拓展生存发展空间；政策的稳定性与可预见性能够有效消除企业绿色创新投资的不确定性与风险，稳定的、可预见的政策给企业发出一个持续而清晰的信号，有利于企业对预期收益作出基本判断，从而激发企业持续跟进绿色研发投资决策；采用合理的环境规制手段，既不损害企业市场竞争力，又能够激励企业把技术创新与环境保护结合起来，使基于企业绿色技术创新的区域竞争优势逐步形成。

技术创新活动过程中存在的"市场失灵"，也为政府干预提供了理论依据。厂商和个人可以因某项发现或知识而获得垄断利润，但技术作为一种知识或技能，又可以同时被多人使用或拥有，具有非独享性、非竞争性的准公共品的特征。专利制度的确立使技术知识具有私人产权，在一定程度上解决了技术创新过程中的"搭便车"行为，但专利制度无法阻止技术创新的溢出效应。技术外部性的存在使企业的研发投入不仅提高了自身的创新能力，也提高了竞争对手的创新能力。但对创新企业而言，技术溢出带来研发主体的效率损失，如果研发活动不能给企业带来独占性经济利益，"公地悲剧"就无法避免，企业都企图从技术池中获利而不愿有更多的投入，导致企业的 R&D 投入低于市场的理想水平。政府的政策干预（如知识产权、财政补贴等）就应该在这方面发挥积极的引导作用。此外，企业技术创新过程中面临的技术风险、市场风险、溢出风险可能成为投入与回报之间的巨大障碍，政府的政策干预（如有效实施的知识产权政策，投资、融资政策等）能够降低不确定性，防范和分散企业技术创新过程中的风险，为企业技术创新提供关键的支撑作用。

3. 市场的催化作用

企业绿色技术创新成功的标志就是实现市场价值取得经济效率，消费者的绿色消费需求是绿色技术创新的市场基础，缺乏绿色消费基础就不可能有成功的绿色技术创新。面对环境污染、资源短缺的生存危机，绿色消费市场既可以是物质文明发展的理性选择，也可以是观念价值培养的结果。随着物质财富的积累，实物消费带来的边际效应逐步递减，而对生态环境质量的要求不断提高。当绿色环保的生活环境成为人们生活的常态时，绿色消费也就理所当然成为必然选择，这时，消费者乐意也有能力多花钱购买绿色产品或接受无公害、无污染、安全健康的绿色产品和服务。对于刚刚满足基本生活需求或者以生态环境质量的降低来追求物质需求的阶段，政策法规在绿色技术创新的启动上诚然具有不可或缺的作用，但加强环境保护和生态文明教育，培养大批具有环保意识、追求环境质量的绿色消费者，使绿色消费成为一种观念价值、一种品牌效应、一种消费文化时尚存于消费者心目中，为绿色技术创新的社会实现奠定广泛的基础，有利于企业通过绿色创新开拓新市场、提高其竞争力，并创造新的供给来吸引消费者。

现实经济生活中，各地区由于经济技术发展水平差异，导致环境外部性的内部化程度有所不同。发达国家居民生活质量要求高，环保意识和标准均高于发展中国家，企业用于绿色环保的技术先进、设备的费用较高，生产成本不仅包括内部成本，还包括消除环境外部性的成本。发达国家对进口产品实施严格的强制性环境技术标准，对经济技术环境管理水平相对落后的发展中国家而言表现为不公平的"绿色贸易壁垒"，不利于发展中国家的经济发展；但从资源节约与环境保护的角度来看，对以牺牲生态环境为代价而形成的成本竞争优势的"生态倾销"的放任，极易加重产品输出国的环境资源压力，导致其成为污染的天堂。因此，国际经济交流中发达地区采用的严格强制的环境标准对贸易进出口国的生态环境都起到了积极的保护作用，也为环境投资创造了更多的资源。因而"绿色贸易壁垒"的积极意义与合理性体现为促使开放经济体提高生产的绿色技术水平，积极引进、学习先进的绿色技术，采用来自先发地区的更清洁的、更新的技术，从而在市场竞争中实现从传统技术创新向绿色技术创新的蛙跳，并对后发地区企业绿色技术创新起到积极的催化作用。

4. 效率在绿色技术创新中的核心作用

企业绿色技术创新可能是环境政策约束下企业自我生存与发展需要的结果，

也可能是领先企业基于长期的发展战略主动面对先发地区严格的强制性环境技术标准而采取的自觉选择。无论是研发新技术、新发明,还是通过商业化运作实现成果转化谋求经济效益,企业技术创新都显示出复杂性和不确定性的特征。面对市场竞争日益激烈、产品生产周期日益缩短等因素的影响,企业进行技术创新对外必须以效率为核心,善于学习、吸收、利用外部新鲜知识,借助外界的创新资源,不断地与外界进行物质、能量、信息的交换;对内不断优化创新资源配置,提高自身吸收知识的能力,营造适宜氛围,拓展技术运用能力,通过提高技术创新的效率,实现良好经济效益。只有在效率的保障下,企业才可能通过创新获得竞争的优势。

企业进行技术创新的决策、研发、技术转化,采用新工艺或开发创新产品取得经济效率的过程,实质上就是及时有效地与外部市场和先进技术进行知识的拓展、过滤、聚焦整合的过程。它以已有的技术存量为基础,通过有效流量的作用,及时增大存量并改变存量的结构,产生新观念、新思想、新知识,实现新的发明创造,并通过市场的力量,取得经济效益,实现技术创新。对于领先企业而言,通过跟踪评估前沿技术最新进展,及时把握市场需求,整合优化内外创新资源,实现自主技术创新;对于跟随企业而言,突破障碍引进技术,进而获得技术升级,也可以看作一种技术创新的重要模式:引进技术的企业比没有引进技术的企业具有创新思维;技术引进以后,企业技术快速实现了从无到有或者从引进前的落后到引进后的升级。通过技术转移,企业实现了技术创新。因此,无论是从技术创新的特征还是技术创新的过程来看,效率都是企业实现技术创新的前提和基础,唯有提高创新效率,企业才能获得竞争优势,在激烈的市场竞争中立于不败之地。

(二) 政府与企业博弈模型的假设

环境规制条件下,企业的最优目标是实现利润最大化,政府的最优目标是争取总效用最大化。政府对企业是否实施绿色技术创新的策略选择有两个:监督与不监督。由于企业的初始传统技术水平、排污量和边际减排的成本水平等不同,针对政府的策略选择,企业的替代策略选择也有两个:实施与不实施绿色技术创新。

在有限理性和不完全信息条件下,如果企业不实施绿色技术创新,排污量没有达到标准水平,企业会对政府隐瞒相应的信息,政府监督时有罚款,不监督就没有罚款。假设环境规制条件下,政府监督的概率为 p,企业实施绿色技术创新的概率为 q。

T 为企业为政府带来的经济税收效益,R 为企业的经济利润,C 为企业为实施绿色技术创新付出的成本,S 为政府监督成本,F 为企业不实施绿色技术创新时政府监督的罚款。同时,为使后文分析方便,在此假设 $F>S$ 且 $F>C$。

为反映博弈双方选择策略的情绪状态,假设政府的情绪函数为 $\omega_1(p)=p^{r_1}$,称 r_1 为政府的情绪指数(其中 $r_1>0$);企业的情绪函数为 $\omega_2(q)=q^{r_2}$,称 r_2 为企业的情绪指数(其中 $r_2>0$)。

(三) 政府与企业秩依期望效用博弈模型的构建

根据以上模型的假设,得到政府环境规制与企业绿色技术创新博弈的收益矩阵(见表4-1)。

表4-1 政府环境规制与企业绿色技术创新博弈的收益矩阵

		企业绿色技术创新	
		实施(q)	不实施($1-q$)
政府环境规制	监督(p)	$T-S, R-C$	$T+F-S, R-F$
	不监督($1-p$)	$T, R-C$	T, R

由表4-1可以看出,每个博弈方都有三种可能的收益,根据 RDEU 博弈模型,可以得到政府获得收益所对应的概率分布、秩位与决策权重(见表4-2)。同理可以得到企业获得收益所对应的概率分布、秩位与决策权重(见表4-3)。

表4-2 政府收益值对应的概率分布、秩位及决策权重

政府的收益 x_i	概率 P_i	秩位 RP_i	决策权重 $\pi(x_i)$
$T+F-S$	$p(1-q)$	1	$\omega(p(1-q))$
T	$1-p$	$1+pq-p$	$\omega(1-pq)-\omega(p-pq)$
$T-S$	pq	pq	$1-\omega(1-pq)$

根据表4-2进行计算、整理，得到政府决策者在不同收益状况下的决策权重如下：

$$\pi(x_1)=\omega(p_1+1-RP_1)-\omega(1-RP_1)=\omega(p(1-q)) \quad (4-1)$$

$$\pi(x_2)=\omega(p_2+1-RP_2)-\omega(1-RP_2)=\omega(1-pq)-\omega(p-pq) \quad (4-2)$$

$$\pi(x_3)=\omega(p_3+1-RP_3)-\omega(1-RP_3)=1-\omega(1-pq) \quad (4-3)$$

由表4-2可以得到政府所对应的秩依效用函数为：

$$\begin{aligned}V_{政府}(p,q,r_1)&=T+p^{r_1}(1-q^{r_1})F-[1+p^{r_1}(1-q^{r_1})-(1-pq)^{r_1}]S\\&=T+\mu_1(p,q,r_1)F-\mu_2(p,q,r_1)S\end{aligned} \quad (4-4)$$

（令 $\mu_1(p,q,r_1)=p^{r_1}(1-q^{r_1})$，$\mu_2(p,q,r_1)=[1+p^{r_1}(1-q^{r_1})-(1-pq)^{r_1}]$）

表4-3 企业收益值对应的概率分布、秩位及决策权重

企业的收益 x_i	概率 P_i	秩位 RP_i	决策权重 $\pi(x_i)$
R	$(1-q)(1-p)$	1	$\omega((1-p)(1-q))$
$R-C$	q	$p+q-pq$	$\omega(1+pq-p)-\omega((1-p)(1-q))$
$R-F$	$(1-q)p$	$(1-q)p$	$1-\omega(1+pq-p)$

观察政府所对应的秩依效用函数中的 μ_1 与 μ_2 可以得出，由于政府与企业之间信息的不对称性以及政府对企业所选战略的不确定性，政府情绪指数 r_1 可以理解为政府对不确定性所表现的一种战略态度，通过扩大（缩小）某些收益值的决策权重使政府的总效用发生变化。

根据表4-3进行计算、整理，得到企业决策者在不同收益状况下的决策权重如下：

$$\pi(x_1) = \omega(p_1 + 1 - RP_1) - \omega(1 - RP_1) = \omega((1-p)(1-q)) \quad (4-5)$$

$$\pi(x_2) = \omega(p_2 + 1 - RP_2) - \omega(1 - RP_2) = \omega(1 + pq - p) - \omega((1-p)(1-q)) \quad (4-6)$$

$$\pi(x_3) = \omega(p_3 + 1 - RP_3) - \omega(1 - RP_3) = 1 - \omega(1 + pq - p) \quad (4-7)$$

由表 4 - 3 可以得到企业所对应的秩依效用函数为：

$$V_{企业}(p, q, r_2) = R - [(1+pq-p)^{r_2} - (1-p)^{r_2}(1-q)^{r_2}]C - [1 - (1+pq-p)^{r_2}]F$$
$$= R - \theta_1(p, q, r_2)C - \theta_2(p, q, r_2)F \quad (4-8)$$

$$(\theta_1(p, q, r_2) = [(1+pq-p)^{r_2} - (1-p)^{r_2}(1-q)^{r_2}], \theta_2(p, q, r_2) = [1 - (1+pq-p)^{r_2}])$$

同理，观察企业所对应的秩依效用函数中的 θ_1 与 θ_2 可以得出，由于政府与企业之间信息的不对称性以及企业对政府所选战略的不确定性，企业情绪指数 r_2 可以理解为企业对不确定性所表现的一种战略态度，通过扩大（缩小）某些收益值的决策权重使企业的总效用发生变化。

二、政府与企业博弈模型求解

（一）当 $r_1 = 1$ 且 $r_2 = 1$ 时博弈模型的求解

当 $r_1 = 1$，$r_2 = 1$ 时，即假设：博弈双方——政府与企业决策者均为理性状态，此时政府与企业所对应的秩依效用函数分别为：

$$V_{政府}(p, q, 1) = T + p[(1-q)F - S] = T + p(1-q)F - pS \quad (4-9)$$

$$V_{企业}(p, q, 1) = (R - pF) - q(C - pF) = R - qC - (p - pq)F \quad (4-10)$$

令 $(p, 1-p)$ 为政府的一个混合战略，其中政府选择监督的概率为 p；同时令 $(q, 1-q)$ 为企业的一个混合战略，其中企业选择实施绿色技术创新的概率为 q。

对政府而言,当 $q < 1 - \frac{S}{F}$ 时,$(1-q)F - S > 0$,政府的最优反应为监督(即 $p = 1$);当 $q > 1 - \frac{S}{F}$ 时,$(1-q)F - S < 0$,政府的最优反应为不监督(即 $p = 0$);当 $q = 1 - \frac{S}{F}$ 时,$(1-q)F - S = 0$,政府对企业的混合战略 $(q, 1-q)$ 最优反应的性质有所变化。政府的期望收益在 $q = 1 - \frac{S}{F}$ 时与 p 无关,也就是说,当 $q = 1 - \frac{S}{F}$ 时,对于 0 到 1 之间的任何 p,混合战略 $(p, 1-p)$ 都是 $(q, 1-q)$ 的最优反应。那么 $p^*\left(1 - \frac{S}{F}\right)$ 就是 [0, 1] 间的整个区间,即如图 4-1 所示 $p^*(q)$ 中间的竖线段。在此,因为存在一个 q 的值,使 $p^*(q)$ 有不止一个解,称 $p^*(q)$ 为政府的最优反应对应(Best-response Correspondence)。

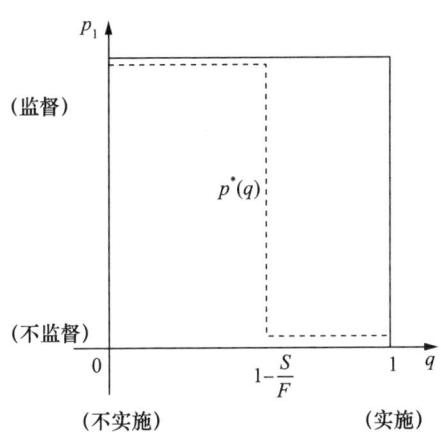

图 4-1 政府的最优反应对应 $p^*(q)$

对企业而言,当 $p < \frac{C}{F}$,$C - pF > 0$,企业的最优反应为不实施绿色技术创新(即 $q = 0$);当 $p > \frac{C}{F}$,$C - pF < 0$,企业的最优反应为实施绿色技术创新(即 $q = 1$);当 $p = \frac{C}{F}$,$C - pF = 0$,企业对政府的混合战略 $(p, 1-p)$ 最优反应的性质

有所变化。企业的期望收益在 $p = \dfrac{C}{F}$ 时与 q 无关,也就是说,当 $p = \dfrac{C}{F}$ 时,对于 0 到 1 之间的任何 q,混合战略 $(q, 1-q)$ 都是 $(p, 1-p)$ 的最优反应。那么 $q^*\left(\dfrac{C}{F}\right)$ 就是 [0,1] 间的整个区间,即如图 4-2 所示 $q^*(p)$ 中间的竖线段。因为存在一个 p 值,使 $q^*(p)$ 有不止一个解,因此称 $q^*(p)$ 为企业的最优反应对应(Best-response Correspondence)。

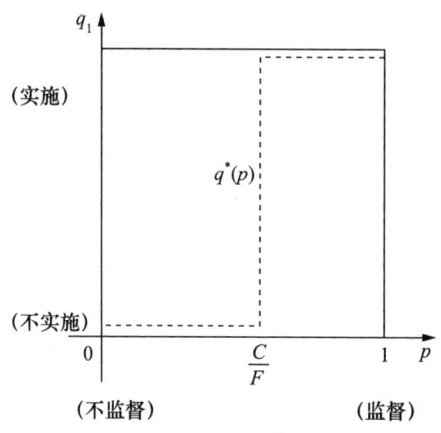

图 4-2 企业的最优反应对应 $q^*(p)$

把图 4-2 的纵轴和横轴互换并旋转,则得到图 4-3,单纯表示企业对政府混合战略的最优反应,图 4-3 虽不如图 4-2 直观、明了,但它与图 4-1 合并成图 4-4,在这里最优反应对应 $p^*(q)$ 和 $q^*(p)$ 的交点给出了政府和企业的混合战略纳什均衡。如果政府的最优反应为 $\left(\dfrac{C}{F}, 1-\dfrac{C}{F}\right)$,则企业的最优反应为 $\left(1-\dfrac{S}{F}, \dfrac{S}{F}\right)$,满足纳什均衡的要求。

值得提醒的是,政府和企业的混合战略纳什均衡并不是建立在政府和企业扔硬币、掷骰子或其他随机选择行为的基础之上,在此可以把企业的混合战略解释为政府对企业将会选择哪一个(纯)战略的不确定性,把政府的混合战略解释

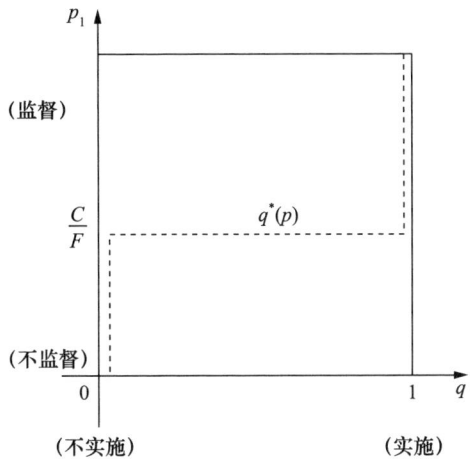

图 4-3　企业的最优反应对应 $q^*(p)$

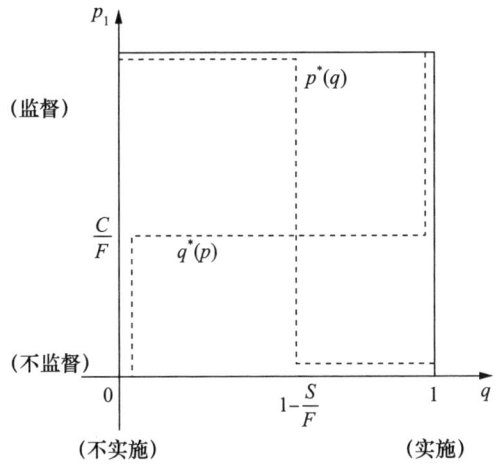

图 4-4　混合战略纳什均衡

为企业对政府将会选择哪一个（纯）战略的不确定性。更简单而言，我们可以理解企业（政府）被赋予了一小点儿内部消息，基于他所掌握的内部消息，企业（政府）更倾向于选择某一相关的纯战略。不过，由于政府（企业）并不能观测到企业（政府）的私人信息，政府（企业）并不能确定企业（政府）的选择,因此我们用企业(政府)的混合战略表示政府(企业)的不确定性。

通过上述分析得到如下两点结论:第一,在政府决策者和企业决策者均为理性状态下,政府进行环境规制监督的概率取决于企业实施绿色技术创新的投入成本与收益的比值,同时政府的混合战略表明企业对政府将会选择未知战略决策的不确定性;企业实施绿色技术创新的战略概率取决于政府进行环境规制监督所付出的成本与收益的比值,同时企业的混合战略表明政府对企业将会选择未知战略决策的不确定性。第二,在经济发展与保护环境的权衡过程中,当企业进行绿色技术创新付出的成本大但收益小时,可能出现"市场失灵"现象,这时政府应当进行环境规制,出台相应的环境规制政策并采用相应的环境规制工具来引导企业进行绿色技术创新;当政府进行环境规制所付出的成本相对收益较小时会促进企业进行绿色技术创新。

(二) 当 $r_1 = 1$ 且 $r_2 \neq 1$ 时博弈模型的求解

当 $r_1 = 1$ 且 $r_2 \neq 1$ 时,即假设:政府决策者完全处于理性状态但企业决策者处于"情绪"状态。

对式 (4-9) 进行一阶求偏导,令 $\frac{\partial V_{政府}}{\partial p} = 0$,解得:

$$q^* = 1 - \frac{S}{F} \tag{4-11}$$

对式 (4-10) 进行一阶求偏导,令 $\frac{\partial V_{企业}}{\partial q} = 0$,解得:

$$p(1 + pq^* - p)^{r_2 - 1}(F - C) = (1 - p)^{r_2}(1 - q^*)^{r_2 - 1}C \tag{4-12}$$

将式 (4-12) 整理可得:

$$r_2 = \frac{\ln p - \ln(1 + pq^* - p) + \ln(F - C) + \ln(1 - q^*) - \ln C}{\ln(1 - p) - \ln(1 + pq^* - p) + \ln(1 - q^*)} \tag{4-13}$$

将 $q^* = 1 - \frac{S}{F}$ 代入式 (4-13) 可得:

$$r_2 = \frac{\ln p - \ln\left(1 - \frac{S}{F}p\right) + \ln(F - C) + \ln\frac{S}{F} - \ln C}{\left[\ln(1 - p) - \ln\left(1 - \frac{S}{F}p\right) + \ln\frac{S}{F}\right]} \tag{4-14}$$

依据政府环境规制与企业绿色技术创新的 RDEU 博弈模型中情绪函数的特征，可以将企业具有的情绪分为"乐观"和"悲观"两种情况进行讨论。

其一，企业对未来的预期持乐观态度，政府的行为符合理性假设。此时，企业的情绪指数 $0 < r_2 < 1$，即情绪函数为凹函数，表明企业决策者认为当随机收益不断增大时，预期随机收益之间的差异越来越大，企业决策者对未来持乐观的态度。而政府情绪指数 $r_1 = 1$，不存在情绪。若 r_2 趋向于 0，即企业决策者对预期持乐观态度时，$p \to 1$。从而得知，企业决策者采取绿色技术创新的混合策略为 $(q, 1-q) = \left(1 - \frac{S}{F}, \frac{S}{F}\right)$，政府进行环境规制监督的概率为 $(p, 1-p) = (1, 0)$。

其二，企业对未来的预期持悲观态度，政府的行为符合理性假设。此时，企业的情绪指数 $r_2 > 1$，即情绪函数为凸函数，表明企业决策者认为当随机收益不断增大时，预期随机收益之间的差异越来越小，企业决策者对未来持悲观的态度。若 r_2 趋向于 $+\infty$，即企业决策者对预期持悲观态度时，$p \to 0$。从而得知，企业决策者采取绿色技术创新的混合策略为 $(q, 1-q) = \left(1 - \frac{S}{F}, \frac{S}{F}\right)$，政府进行环境规制监督的概率为 $(p, 1-p) = (0, 1)$。

当政府决策者符合理性假设，即不存在"情绪"，同时企业决策者具有"情绪"时，企业是否进行绿色技术创新的混合战略均衡取决于政府进行环境规制所付出的成本与收益，企业的混合战略表明政府对企业将会选择未知战略决策的不确定性。政府进行环境规制监督的混合战略均衡将取决于企业进行绿色技术创新付出的成本、收益与企业对未来绿色技术创新能力的预期态度。在企业进行绿色技术创新付出的成本与收益不变的情况下，当企业对未来的预期持乐观态度，即企业决策者认为随着绿色技术创新能力的不断提升，预期绿色技术创新产生随机收益之间的差异越来越大时，政府将进行环境规制，制定严格的环境规制政策，并采用环境规制工具约束不进行绿色技术创新的企业；相反地，当企业决策者对未来的预期持悲观态度，即预期绿色技术创新产生随机收益远远小于进行绿色技术创新的投入时，政府不进行环境规制。政府从不进行环境规制监督到进行环境规制监督的演变，也反映出企业决策者对绿色技术创新的态度从悲观情绪到乐观情绪的演变。

(三) 当 $r_1 \neq 1$ 且 $r_2 = 1$ 时博弈模型的求解

当 $r_1 \neq 1$ 且 $r_2 = 1$ 时,即假设:政府决策者处于"情绪"状态但企业决策者完全处于理性状态。

对式 (4-10) 进行一阶求偏导,令 $\frac{\partial V_{\text{企业}}}{\partial q} = 0$,解得:

$$p^* = \frac{C}{F} \tag{4-15}$$

对式 (4-9) 进行一阶求偏导,令 $\frac{\partial V_{\text{政府}}}{\partial p} = 0$,解得:

$$p^{*(r_1-1)}(1-q)^{r_1}(F-S) = q(1-p^*q)^{r-1}S \tag{4-16}$$

将式 (4-16) 整理可得:

$$r_1 = \frac{\ln q - \ln(1-p^*q) + \ln p^* + \ln S - \ln(F-S)}{\ln(1-q) - \ln(1-p^*q) + \ln p^*} \tag{4-17}$$

将 $p^* = \frac{C}{F}$ 代入式 (4-17) 可得:

$$r_1 = \frac{\ln q - \ln\left(1-\frac{C}{F}q\right) + \ln\frac{C}{F} + \ln S - \ln(F-S)}{\ln(1-q) - \ln\left(1-\frac{C}{F}q\right) + \ln\frac{C}{F}} \tag{4-18}$$

依据政府环境规制与企业绿色技术创新的 RDEU 博弈模型中情绪函数的特征,可以将政府具有的情绪分为"乐观"和"悲观"两种情况进行讨论。

其一,政府对未来的预期持乐观态度,企业的行为符合理性假设。此时,政府的情绪指数 $0 < r_1 < 1$,即情绪函数为凹函数,表明政府决策者认为当随机收益不断增大时,预期随机收益之间的差异越来越大,政府决策者对未来持乐观的态度。而企业情绪指数 $r_2 = 1$,不存在情绪。若 r_1 趋向于 0,即政府决策者对预期持乐观态度时,$q \to 1$。从而得知,政府决策者进行环境规制监督的混合策略为 $(p, 1-p) = \left(\frac{C}{F}, 1-\frac{C}{F}\right)$,企业进行绿色技术创新的概率为 $(q, 1-q) = (1, 0)$。

其二，政府对未来的预期持悲观态度，企业的行为符合理性假设。此时，政府的情绪指数 $r_1 > 1$，即情绪函数为凸函数，表明政府决策者认为当随机收益不断增大时，预期随机收益之间的差异越来越小，政府决策者对未来持悲观的态度。而企业情绪指数 $r_2 = 1$，不存在情绪。若 r_1 趋向于 $+\infty$，即政府决策者对预期持悲观态度时，$q \to 0$。从而得知，政府决策者进行环境规制监督的混合策略为 $(p, 1-p) = \left(\dfrac{C}{F}, 1-\dfrac{C}{F}\right)$，企业进行绿色技术创新的概率为 $(q, 1-q) = (0, 1)$。

当企业决策者符合理性状态的假设，政府决策者具有"情绪"时，政府进行环境规制监督的概率取决于企业实施绿色技术创新的投入成本与收益的比值，同时政府的混合战略表明企业对政府将会选择未知战略决策的不确定性。企业进行绿色技术创新的混合战略均衡将取决于政府进行环境规制所付出的监督成本、罚款收益与政府对未来是否进行环境规制的预期态度。在政府进行环境规制所付出的监督成本与罚款收益不变的情况下，当政府决策者对未来的预期持有乐观态度，即政府决策者认为随着经济的快速发展，环境规制的必要性不断增强时，企业将进行绿色技术创新；相反地，当政府决策者对未来的预期持有悲观态度，即政府决策者认为在经济发展与环境保护的权衡中更重视经济发展时，企业进行绿色技术创新战略不是最优的选择。

（四）当 $r_1 \neq 1$ 且 $r_2 \neq 1$ 时博弈模型的求解

对式（4-9）和式（4-10）进行一阶求偏导，令 $\dfrac{\partial V_{政府}}{\partial p} = 0$，$\dfrac{\partial V_{企业}}{\partial q} = 0$，解得：

$$r_1 = \dfrac{\ln q - \ln(1-pq) + \ln p + \ln S - \ln(F-S)}{\ln(1-q) - \ln(1-pq) + \ln p} \quad (4-19)$$

$$r_2 = \dfrac{\ln p - \ln(1+pq-p) + \ln(F-C) + \ln(1-q) - \ln C}{\ln(1-p) - \ln(1+pq-p) + \ln(1-q)} \quad (4-20)$$

当政府与企业均具有"情绪"时，为更好地反映二者间的交互影响关系，对模型中的假设成本值与收益值进行具体赋值并令其满足模型的要求，而后进行数值分析。

三、政府与企业博弈模型的数值模拟

为清晰地看出政府与企业的混合战略均衡是如何受情绪指数 r_1 与 r_2 影响的,在此对博弈收益矩阵中各要素进行赋值,假设政府监督成本为 5 单位、政府对企业的罚款为 8 单位、企业的投资成本为 7 单位、政府的税收收益为 4 单位、企业的经济利润为 6 单位,同时又满足模型本身的假设。

于是政府所对应的秩依效用函数为:

$$V_{政府}(p, q, r_1) = 4 + 8p^{r_1}(1-q^{r_1}) - 5[1 + p^{r_1}(1-q^{r_1}) - (1-pq)^{r_1}] \quad (4-21)$$

企业所对应的秩依效用函数为:

$$V_{企业}(p, q, r_2) = 6 - 7[(1+pq-p)^{r_2} - (1-p)^{r_2}(1-q)^{r_2}] - 8[1 - (1+pq-p)^{r_2}] \quad (4-22)$$

当 $r_1 = 1$ 且 $r_2 = 1$ 时,解得:$q^* = \dfrac{3}{8} = 0.375$,$p^* = \dfrac{7}{8} = 0.875$;

当 $r_1 \neq 1$ 且 $r_2 \neq 1$ 时,对式(4-21)和式(4-22)求一阶偏导,令 $\dfrac{\partial V_{政府}}{\partial p} = 0$,$\dfrac{\partial V_{企业}}{\partial q} = 0$,解得:

$$\begin{cases} 3p^{r_1-1}(1-q)^{r_1} - 5q(1-pq)^{r_1-1} = 0 \\ p(1+pq-p)^{r_2-1} - 7(1-p)^{r_2}(1-q)^{r_2-1} = 0 \end{cases} \quad (4-23)$$

下面使用 MATLAB2015a 软件,假设政府与企业都带有情绪,绘制情绪指数 r_1、r_2 的变化对不同博弈主体战略决策的影响效果图。图 4-5 与图 4-6 描述的是当政府决策者和企业决策者均具有情绪,政府进行环境规制监督的成本与收益一定、企业进行绿色技术创新的投资成本与收益一定时,概率 p 同时受 r_1 和 q 变化的影响,即 $p = f(q, r_1)$;概率 q 同时受 r_2 和 p 变化的影响,即 $q = f(p, r_2)$。

其一,政府是否实施环境规制的情况,即 p 同时受 r_1 与 q 变化的影响,如图 4-5 所示。由图 4-5(a)可以看出,在情绪指数 $r_1 \in (0, 1)$,即政府具有

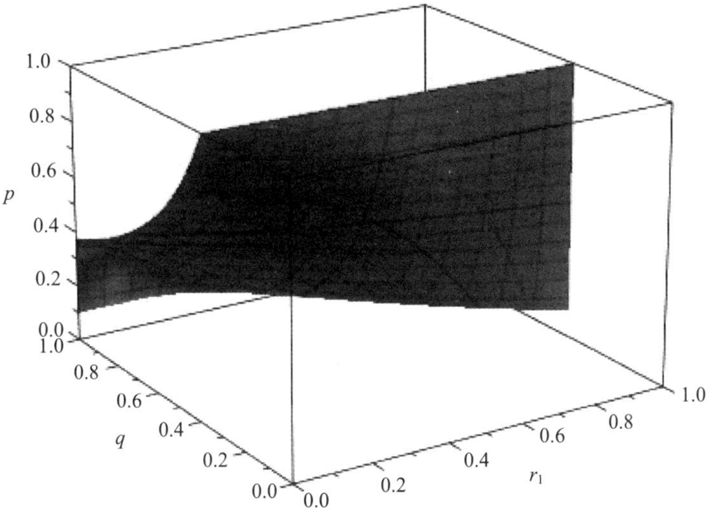

(a)：$r_1 \in (0,\ 1)$

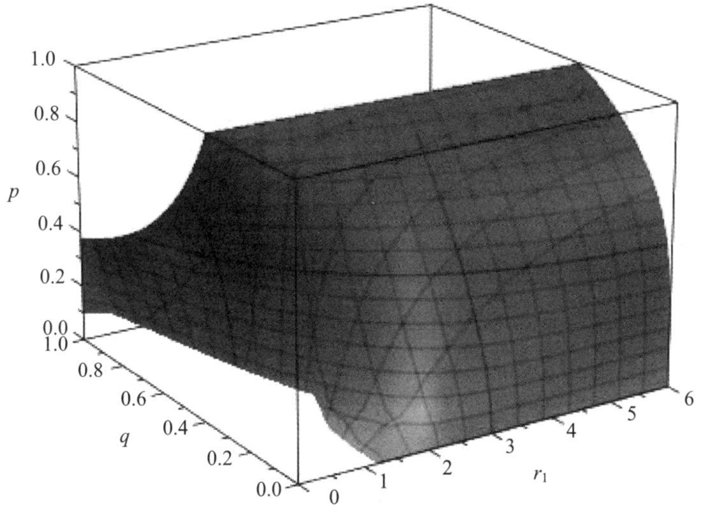

(b)：$r_1 \in (1,\ 6)$

图 4－5　三维视角下的 p 同时受 r_1 和 q 影响的变化情况

"乐观"情绪的情况下，当政府认为企业进行绿色技术创新的概率 $q < \frac{3}{8} = 0.375$ 时，政府进行环境规制监督的概率 p 随情绪指数 r_1 的增大而减小，而且 q 越小，p 减小的幅度越大；反之，当政府认为企业进行绿色技术创新的概率 $q > \frac{3}{8} =$

0.375 时，p 随情绪指数 r_1 的减小而增大，而且 q 越大，p 增大的幅度越大。随着企业进行绿色技术创新能力的增强，企业进行绿色技术创新的概率提高，政府对未来预期持有"乐观"的情绪，政府进行环境规制监督的概率 p 也不断提高。由图 4-5（b）可以看出，在 $r_1 \in (1, 6)$，即政府具有"悲观"情绪的情况下，当政府对企业将要采取的策略判断一定时，如果政府具有"悲观"情绪，那么政府更倾向于采取环境规制不监督的策略。

其二，企业是否进行绿色技术创新的情况，即 q 同时受 r_2 与 p 变化的影响，如图 4-6 所示。

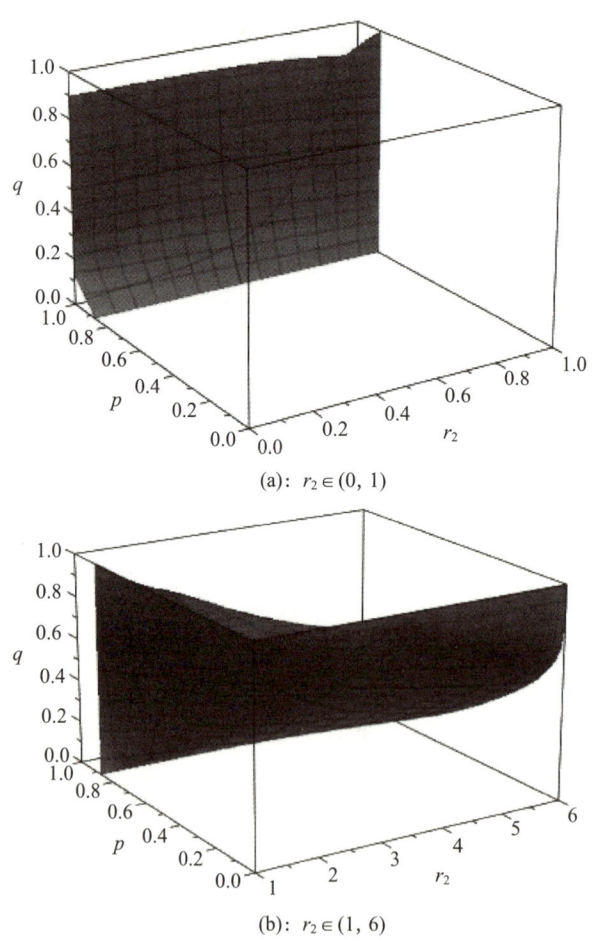

(a): $r_2 \in (0, 1)$

(b): $r_2 \in (1, 6)$

图 4-6　三维视角下的 q 同时受 r_2 和 p 影响的变化情况

企业进行绿色技术创新的分析过程与政府进行环境规制的分析过程相同。由图4-6（a）可以看出，在情绪指数 $r_2 \in (0, 1)$，即企业具有"乐观"情绪的情况下，当企业认为政府进行环境规制监督的概率 $p > \frac{7}{8} = 0.875$ 时，企业进行绿色技术创新的概率 q 随情绪指数 r_2 的减小而减小。由图4-6（b）可以看出，在情绪指数 $r_2 \in (1, 6)$，即企业具有"悲观"情绪的情况下，当企业认为政府进行环境规制监督的概率 $p < \frac{7}{8} = 0.875$ 时，企业进行绿色技术创新的概率 q 随情绪指数 r_2 的增大而减小。

四、政府环境规制与企业绿色技术创新的博弈分析

通过建立政府环境规制与企业绿色技术创新的秩依期望效用理论博弈模型，分析了不同情绪状态下政府与企业的混合战略均衡解。由于政府和企业的混合战略均衡并不是建立在政府和企业扔硬币、掷骰子或其他随机选择行为的基础之上，因此把企业的混合战略解释为政府对企业将会选择哪一个战略的不确定性，政府的混合战略解释为企业对政府将会选择哪一个战略的不确定性，通过情绪指数来刻画局中人在不确定条件下的风险态度。

第一，在政府决策者和企业决策者均为理性状态的情况下，政府进行环境规制监督的概率取决于企业实施绿色技术创新的投入成本与收益的比值，同时政府的混合战略表明企业对政府将会选择未知战略决策的不确定性；企业实施绿色技术创新的战略概率取决于政府进行环境规制监督所付出的成本与收益的比值，同时企业的混合战略表明政府对企业将会选择未知战略决策的不确定性。在经济发展与保护环境的权衡过程中，当企业进行绿色技术创新付出的成本大但收益小时，可能出现"市场失灵"现象，这时政府应当进行环境规制，出台相应的环境规制政策并采用相应的环境规制工具来引导企业进行绿色技术创新；当政府进行环境规制所付出的成本相对收益较小时会促进企业进行绿色技术创新。

第二,当政府决策者符合理性假设,即不存在"情绪",同时企业决策者具有"情绪"时,企业是否进行绿色技术创新的混合战略均衡取决于政府进行环境规制所付出的成本与收益,企业的混合战略表明政府对企业将会选择未知战略决策的不确定性;政府进行环境规制监督的混合战略均衡将取决于企业进行绿色技术创新付出的成本、收益与企业对未来绿色技术创新能力的预期态度。在企业进行绿色技术创新付出的成本与收益不变的情况下,当企业对未来的预期持乐观态度,即企业决策者认为随着绿色技术创新能力的不断提升,预期绿色技术创新产生随机收益之间的差异越来越大时,政府将进行环境规制,制定严格的环境规制政策,并采用环境规制工具约束不进行绿色技术创新的企业;相反地,当企业决策者对未来的预期持悲观态度,即预期绿色技术创新产生随机收益远远小于进行绿色技术创新的投入时,政府不进行环境规制。政府从不进行环境规制监督到进行环境规制监督的演变,也反映了企业决策者对绿色技术创新的态度从悲观情绪到乐观情绪的演变。

第三,当企业决策者符合理性状态的假设,政府决策者具有"情绪"时,政府进行环境规制监督的概率取决于企业实施绿色技术创新的投入成本与收益的比值,同时政府的混合战略表明企业对政府将会选择未知战略决策的不确定性;企业进行绿色技术创新的混合战略均衡将取决于政府进行环境规制所付出的监督成本、罚款收益与政府对未来是否进行环境规制的预期态度。在政府进行环境规制所付出的监督成本与罚款收益不变的情况下,当政府决策者对未来的预期持有乐观态度,即政府决策者认为随着经济的快速发展,环境规制的必要性不断增强时,企业将进行绿色技术创新;相反地,当政府决策者对未来的预期持有悲观态度,即政府决策者认为在经济发展与环境保护的权衡中更重视经济发展时,企业进行绿色技术创新战略不是最优的选择。

根据上述的分析,政府环境规制工具从市场准入、环境标准、禁令等命令—控制型规制工具发展到庇古税、可交易的排污许可证、执行债券等市场化型规制工具再发展到信息提供、契约、建立网络等相互沟通型规制工具的过程,以及绿色技术创新能力从绿色产品创新、绿色工艺创新再到末端治理技术创新交替变化的过程,政府环境规制与企业进行绿色技术创新的演变过程可划分如下:

第一阶段:1978年前环境规制相关法律法规相对匮乏时期。企业决策者认为当随机收益不断增大,预期随机收益之间的差异越来越小时,即企业决策者对未来持悲观的态度时,企业间的绿色技术创新水平无差异,在社会发展中仍以经济发展为重,在假定企业决策者持悲观态度的情况下,政府不进行环境规制监督,此时为经济发展的初始阶段。在改革开放之前,中国经济的发展水平低,对环境的破坏相对较少,政府及各社会阶级主要致力于迅速恢复和发展经济,对环境的关注相对较少,制定出台的环境保护的法律法规也相对较少。在此发展阶段中,环境规制方面的法律法规主要包括:涉及大气污染防治内容的是1953年制定的《工人安全卫生暂行条例》和1973年制定的《工业"三废"排放试行标准》;涉及防止水污染规定的是1955年制定的《自来水水质暂行标准》和1957年制定的《关于注意处理工矿企业排除有毒废水、废气问题的通知》;此外,对防止噪声污染做出了详细规定的是1956年制定的《工厂安全卫生规程》和1957年制定的《治安管理处罚条例》。

第二阶段:1978年之后到20世纪90年代初环境规制相关法律法规逐渐丰富和发展。企业决策者认为当随机收益不断增大,预期收益随机收益之间的差异越来越大时,即企业决策者对未来持乐观的态度时,绿色技术创新将有更多的突破,企业间的技术水平将会出现差异化,在假定企业决策者持乐观态度的情况下,政府将进行环境规制监督;在企业决策者持乐观态度的情况下,政府决策者认为当随机收益不断增大,预期随机收益之间的差异越来越大时,即政府决策者对未来持乐观的态度时,如公众舆论的压力,政府的政治成本增大时,政府进行环境规制监督将获得更多潜在的收益远远大于成本时,在假定政府决策者持乐观态度的情况下,企业将进行绿色技术创新,此时政府也在完善规制工具并制定相应法规。此时为经济发展的加速器。这一时期,一系列重要的环境保护法律法规相继出台,中国的环境保护工作开始纳入法制化轨道,并且相关法律法规日益丰富和发展,环境规制不断跃上新台阶。例如,《关于保护和改善环境的若干规定(试行草案)》(1973);1978年修订的《中华人民共和国宪法》第一次对环境保护作出了规定:"国家保护环境和自然资源,防治污染和其他公害",关于环境保护的规定第一次进入了中国的根本大法,显示出中国对于加强环境保护工作的重视;《中华人民共和国环境保护法(试行)》(1979);《水污染防治法》(1984);《大气污染防治法》(1897);《环境噪声污染防治条例》(1989);1983

年正式将环境保护列为中国的基本国策,第一次在战略高度上确定了环境保护工作的指导方针;1989年制定形成了"预防为主、防治结合""谁污染谁付费"和"强化环境管理"三大政策体系,并制定了八项环境规制制度,为解决环境问题提供了政策保障。

第三阶段:20世纪90年代初至今环境规制相关的法律法规逐渐健全和系统化。政府决策者认为当随机收益不断增大,预期随机收益之间的差异越来越小时,即政府决策者对未来持"悲观"的态度时,在假定政府决策者持悲观态度的情况下,企业间绿色技术创新水平的差异化将缩小。此处的企业间绿色技术创新水平的差异化将缩小是相对于第一、第二阶段而言,此时为经济发展的成熟期。1992年起草了《中国环境问题十大对策》,确立了环境保护与经济发展相协调的观点,即可持续发展。1994年发布了《中国21世纪议程——中国21世纪人口、环境与发展白皮书》。第四次(1996年)、第五次(2002年)和第六次(2006年)全国环境保护大会相继出台了《污染物排放总量控制计划》《全国生态环境建设纲要》《全国生态环境保护纲要》《环境影响评价法》《跨世纪绿色工程规划》等一大批法律文件。

第五章
环境规制对陕西省制造业绿色技术创新能力影响的实证分析

在第四章中,通过建立政府环境规制与企业绿色技术创新的博弈模型、分析战略决策者在不同情绪状态下政府和企业的战略交互影响来反映环境规制与企业绿色技术创新的演化过程,但是并没有给出具体时间段内环境规制对企业绿色技术创新影响的实证研究。接下来,本文用收集到的数据对两者进行实证研究:首先是对环境规制的测量,用环境规制强度作为环境规制的显示变量,通过因子分析方法对环境规制强度进行测量;其次分析环境规制对陕西省制造业绿色技术创新能力的实证研究;最后进行本章小结。

一、环境规制强度的测量

进行环境规制对绿色技术创新能力影响的实证研究,一项基础性工作就是对环境规制强度(Environmental Regulation Intensity,ERI)进行量化和测度。目前学术界对环境规制强度的度量方法有以下四种:第一,从环境规制政策上考察环境规制强度的高低,如 Smarzynska 和 Wei(2010)提出管制效果可通过在政府制定环境标准的前后测度"三废"排放具体的减少程度来进行衡量;第二,用环保费用支出来衡量,如 Fredriksson 和 Millimet(2002)主要利用处理空气、水和固体废物的费用支出来衡量环境规制的力度,费用支出越高,说明环境规制强度越大;第三,用污染密集度来度量,如 Cole 和 Elliott(2003)利用环境污染排放物总量与工业产值的比值对环境规制强度进行衡量；第四，将"三废"等指标用因子分析方法来测量环境规制强度（张菡，2014）。本文基于第四种度量方法，将陕西省工业废水排放量、工业二氧化硫排放量、工业烟粉尘排放量、工业废水中化学需氧量排放量等指标处理后，利用因子分析方法对环境规制强度进行度量，因为环境规制强度最重要的体现之一就是污染物的排放量减少，因此环境规制强度越强，污染物排放量就越少。基于上述假设，用环境污染物综合评价得分的相反数来表示环境规制强度。

（一）环境规制指标的选取及来源

本文采用因子分析的综合得分值来衡量环境规制强度，需要选取多种指标进行数据处理，一般把相关指标分为直接指标、结果指标和关联指标。直接指标就是能对环境规制变化作出直接反映的指标，如环保人员、环保投资、环保 R&D 投入等。结果指标能对环境规制实施后的结果做出反应，如"三废"排放量、工业废水中化学需氧量排放量等。关联指标也称间接指标，是指能影响环境规制强度的各种因素，如经济发展水平、大众监督力度和国际合作状况等。本文采用相关结果指标来衡量环境规制强度，这是因为我国统计局环境指标中对结果指标的统计相对全面一些，有利于数据的查找和整理，再加上结果指标能反映环境规制带来的变化。

我国《中国环境统计年鉴》和《陕西统计年鉴》中，有关陕西省工业污染物排放总量、工业废水排放量、工业二氧化硫排放量、工业烟粉尘排放量、工业废水中化学需氧量排放量、氨氮排放量、工业氮氧化物排放量等数据的统计内容有限且起步也较晚。本文采用 2006~2014 年的数据作为样本，数据主要来源于《中国统计年鉴》《中国环境统计年鉴》和《陕西统计年鉴》，采用结果指标包括陕西省工业废水排放总量、工业二氧化硫排放量、工业烟粉尘排放量、工业废水中化学需氧量排放量、工业废水中氨氮排放量、工业氮氧化物排放量。具体说明如下：

本文采用的指标是单位产值 X 的年排放量，这里的 X 指：陕西省工业废水排放总量、工业二氧化硫排放量、工业烟粉尘排放量、工业废水中化学需氧量排放量、工业废水中氨氮排放量、工业氮氧化物排放量。这是因为在环境规制不断加强时，随着经济的快速发展，制造业规模也不断扩大，制造业总产值也不断增加，各种污染物排放的绝对量仍有可能增加，不能有效地衡量环境规制水平。具体指标包括：单位产值工业废水排放总量、单位产值工业二氧化硫排放量、单位产值工业烟粉尘排放量、单位产值工业废水中化学需氧量排放量、单位产值工业废水中氨氮排放量、单位产值工业氮氧化物排放量。其计算方法如下：单位产值 X 排放量 $=X$ 排放量/陕西省制造业总产值，其中 X 代表工业废水、工业二氧化硫、工业烟粉尘、工业废水中化学需氧量、工业废水中氨氮和工业氮氧化物。

综上所述，本文选取的环境规制的各种指标体系如表 5-1 所示：

表 5-1 环境规制的各种指标体系

	指标	指标解释	符号
环境规制	单位产值工业废水排放总量	工业废水排放总量/陕西省制造业总产值	X_1
	单位产值工业二氧化硫排放量	工业二氧化硫排放量/陕西省制造业总产值	X_2
	单位产值工业烟粉尘排放量	工业烟粉尘排放量/陕西省制造业总产值	X_3
	单位产值工业废水中化学需氧量排放量	工业废水中化学需氧量排放量/陕西省制造业总产值	X_4
	单位产值工业废水中氨氮排放量	工业废水中氨氮排放量/陕西省制造业总产值	X_5
	单位产值工业氮氧化物排放量	工业氮氧化物排放量/陕西省制造业总产值	X_6

（二）数据处理及环境规制强度的计算

随着国内外学者对环境规制强度的关注日益加深，越来越多的学者开始使用不同的方法对环境规制强度进行研究。根据现有的文献分析来看，比较常用的方法有综合指数法、综合评分法、Topsis 法、聚类分析法、因子分析法、数据包络分析法等。根据每种评价体系的适用情况以及陕西省的具体情况，本文决定使用因子分析法对环境规制强度进行综合评价。

1. KMO 检验和 Bartlett 球形检验

首先，利用 SPSS16 对原始数据 X_1、X_2、X_3、X_4、X_5、X_6 进行标准化处理后

得到 X'_1、X'_2、X'_3、X'_4、X'_5、X'_6，之后用标准化的数据进行 KMO 检验和 Bartlett 球形检验。

KMO 检验和 Bartlett 球形检验都是对变量之间相关系数进行检验。在进行因子分析时，变量间的相关系数越高，表示越能提取出具有代表性的因子，越适合作因子分析。KMO 的值在 0 和 1 之间，越接近于 1，则表示变量间的相关性越强；越接近于 0，则表示变量间的相关性越弱。一般认为当 KMO 的值小于 0.5 时，样本数据不适合进行因子分析。Bartlett 球形检验的统计量也是根据样本数据相关系数矩阵得出的，该值越大，且对应概率的值在一定的显著性水平下，则认为样本数据之间的相关系数较强，适合进行因子分析。由表 5-2 可知，根据 2006~2014 年环境规制强度的指标状况，得出 KMO 的值为 0.577，接近于 0.6，认为适合进行因子分析。而且 Bartlett 球形检验统计量的值为 114.563，概率在 0.01 下，也认为是可以进行因子分析的。

表 5-2　KMO 检验和 Bartlett 球形检验

	KMO 抽样充足率	0.577
Bartlett 的球形度检验	Approx. Chi-Square	114.563
	df	15
	Sig.	0.000

2. 提取主成分

因子分析主要是提取能够代表样本数据之间关系的潜在变量，SPSS 给出的碎石图和因子方差贡献率表能够比较直观形象地指出应该提取多少个因子。一般来讲，碎石图为特征值从大到小排列得出的折线图，图中存在几个比较陡的线段则应提取数量相等的主成分。方差贡献率表则会给出所有因子当中方差贡献率较大的几个因子，这几个因子也是应该提取的主成分。

通过图 5-1 可以看出，只有第一个因子的特征值是不平稳的，在图中表现比较陡峭，第二个至第六个因子的特征值相较于第一因子比较平稳。因此，提取一个因子是比较合适的。

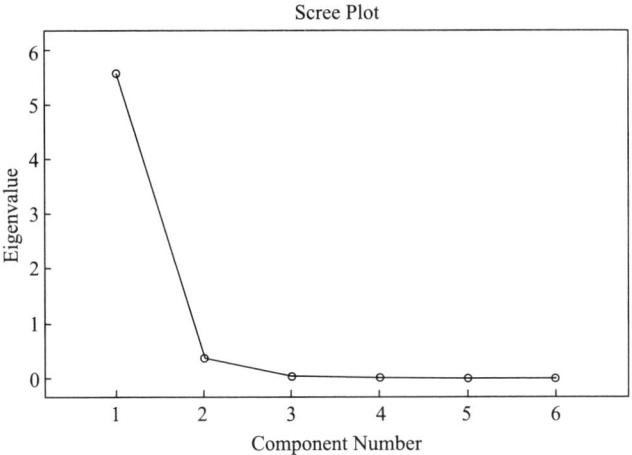

图 5-1 碎石图

表 5-3 公共因子的特征根和方差贡献率

成分	Total Variance Explained					
	初始特征值			提取平方和载入		
	合计	方差贡献率（%）	累计方差贡献率（%）	合计	方差贡献率（%）	累计方差贡献率（%）
1	5.570	92.839	92.839	5.570	92.839	92.839
2	0.373	6.210	99.049			
3	0.037	0.623	99.672			
4	0.018	0.307	99.979			
5	0.001	0.018	99.997			
6	0.000	0.003	100.000			

通过表 5-3 可知，首先给因子的方差贡献率按照从大到小的顺序进行排序，其中单个因子的方差贡献率最大为 92.839%、最小为 0.003%。第一个公因子的特征根为 5.570，方差贡献率达到 92.839%，说明可以解释 92.839% 的原有变量总方差，能够很好地解释原数据所包含的数据信息，提取公因子的有效性较高。因此，综合图 5-1 和表 5-3，确定一个主因子来进行分析。

3. 环境规制强度的计算

通过因子得分矩阵表5-4，可以得到环境规制的6个指标在单个公因子上的得分情况，根据得分情况可以得出单个公因子的表达式。假设单个公因子为F，可得到公因子F的得分函数，即将相应数据与标准化后的数据相乘，则主成分的表达式如下：

$$F = 0.178X'_1 + 0.178X'_2 + 0.165X'_3 + 0.177X'_4 + 0.164X'_5 + 0.175X'_6 \quad (5-1)$$

表5-4 因子得分矩阵

因子	Component
	1
单位产值工业废水排放总量（X_1）	0.178
单位产值工业二氧化硫排放量（X_2）	0.178
单位产值工业烟（粉）尘排放量（X_3）	0.165
单位产值工业废水中化学需氧量（COD）排放量（X_4）	0.177
单位产值工业废水中氨氮排放量（X_5）	0.164
单位产值工业氮氧化物排放量（X_6）	0.175

环境规制强度最重要的体现之一就是污染物的排放量减少，环境规制强度越强，污染物排放量就越少，因此假设环境规制强度$ERI = -F$。由于环境规制强度ERS值有正负之分，为使环境规制强度转化为正值来反映其变化状况，通过各年环境规制强度与最小值的差值除以2006~2014年最大值与最小值的差值，把环境规制强度ERS转化为环境规制强度ERS_{0-1}，ERS_{0-1}的区间范围为[0, 1]，表达式为：$ERS_{0-1} = (ERS_i - minERS)/(maxERS - minERS)$，其中$i$表示2006~2014年，$maxERS$表示环境规制强度$ERS$的最大值，$minERS$表示环境规制强度$ERS$的最小值。

根据主成分的表达式以及相关指标标准化的数据，可以得出陕西省2006~2014年环境规制强度的具体数值（见表5-5）。

表 5-5　因子分析结果

年份	因子 F	环境规制强度（ERS）	环境规制强度（ERS_{0-1}）
2006	1.63743	-1.63743	0
2007	1.30313	-1.30313	0.12335
2008	0.62421	-0.62421	0.37384
2009	0.15813	-0.15813	0.54580
2010	-0.31614	0.31614	0.72079
2011	-0.50465	0.50465	0.79034
2012	-0.80559	0.80559	0.90137
2013	-1.02363	1.02363	0.98183
2014	-1.07289	1.07289	1

注：ERS 所得的值并不是其真实值，而是根据污染物指标综合分析得到的因子值的相反数，用这个值能综合反映 ERI 强度水平。

综合分析单位产值工业废水排放总量、单位产值工业二氧化硫排放量、单位产值工业烟粉尘排放量、单位产值工业废水中化学需氧量排放量、单位产值工业废水中氨氮排放量、单位产值工业氮氧化物排放量得到环境规制强度水平。图 5-2 反映的是陕西省环境规制强度的变化状况。假定 2006 年的环境规制强度水平为 0、2014 年的环境规制强度水平为 1，由图 5-2 可以看出，环境规制强度一直处于不断增强的状态，说明陕西省环境规制强度在不断地提升。

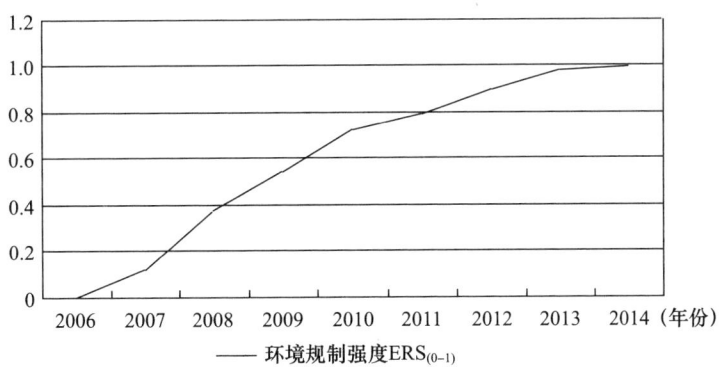

图 5-2　陕西省环境规制强度的变化状况

二、模型构建与变量选取

(一) 模型构建

本书研究环境规制对陕西省制造业绿色技术创新能力的影响,虽然 R&D 经费内部支出、R&D 人员投入、陕西省制造业新产品开发经费支出等都会对陕西省制造业绿色技术创新能力产生影响,但是这些影响因素也会影响环境规制的强度,而且实证发现,R&D 经费内部支出、R&D 人员投入都与环境规制强度有多重共线性,因此本文在绿色技术创新能力模型中,重点研究环境规制强度。据此,环境规制强度对陕西省制造业绿色技术创新能力影响的模型如下:

$$y = f(ERI) \tag{5-2}$$

其中,y 表示陕西省制造业绿色技术创新能力水平;ERI 表示环境规制的强度,反映环境规制水平。

因为陕西省制造业绿色技术创新能力(y)包括基于科研产出的绿色技术创新能力(NPA_RDIE)和基于成果转化的绿色技术创新能力(NPOV_DE),因此环境规制强度对陕西省制造业绿色技术创新能力的影响可以进一步划分为对陕西省制造业基于科研产出的绿色技术创新能力的影响和基于成果转化的绿色技术创新能力的影响。

对式(5-2)具体化,建立四个基本模型。在这四个模型中,假设模型 1 为环境规制强度对陕西省制造业基于科研产出的绿色技术创新能力的线性影响;假设模型 2 为环境规制强度对陕西省制造业基于成果转化的绿色技术创新能力的线性影响;假设模型 3 为环境规制强度对陕西省制造业基于科研产出的绿色技术创新能力存在倒"U"形的影响;假设模型 4 为环境规制强度对陕西省制造业基于成果转化的绿色技术创新能力存在倒"U"形的影响。同时剔除异方差和异常项对数据稳定性的影响,对模型取对数,得到如下的结果:

模型 1：$\ln NPA\_RDIE_t = \alpha_1 + \alpha_2 \ln ERI_t + \varepsilon_t$ (5-3)

模型 2：$\ln NPOV\_DE_t = \alpha_1 + \alpha_2 \ln ERI_t + \varepsilon_t$ (5-4)

模型 3：$\ln NPA\_RDIE_t = \alpha_1 + \alpha_2 \ln ERI_t + \alpha_3 (\ln ERI_t)^2 + \varepsilon_t$ (5-5)

模型 4：$\ln NPOV\_DE_t = \alpha_1 + \alpha_2 \ln ERI_t + \alpha_3 (\ln ERI_t)^2 + \varepsilon_t$ (5-6)

其中，$\ln NPA\_RDIE$ 表示基于科研产出的绿色技术创新能力指标取对数；$\ln NPOV\_DE$ 表示基于成果转化的绿色技术创新能力指标取对数；$\ln ERI$ 表示环境规制强度指标取对数，但是 ERI 值取得的是综合指数，有的出现负数，而 ERS_{0-1} 取值有 0，因此综合考虑，这里就用 ERI 的综合指数值来代表 $\ln ERI$ 值且满足要求；α_1 表示截距项，α_2 和 α_3 表示待估计的参数；t 表示时间；ε 表示误差项。

（二）数据来源与变量的选取

考虑到相关数据的连续性以及可获得性，本文关于环境规制对陕西省制造业绿色技术创新实证研究所使用的数据主要来源于《中国环境统计年鉴》（2006~2014年）、《陕西统计年鉴》（2006~2014年）和《中国科技统计年鉴》（2006~2014年），存在同一指标在《陕西统计年鉴》与《中国科技统计年鉴》中出现差异时，以《中国科技统计年鉴》为准。此外，大部分变量的数据都是通过计算处理而得出的。主要变量定义如表 5-6 所示。

表 5-6 主要变量定义

变量类型	变量名称	变量符号	变量解释
被解释变量	基于科研产出的绿色技术创新能力；基于成果转化的绿色技术创新能力	NPA_RDIE NPOV_DE	陕西省制造业专利申请书/R&D 经费内部支出；陕西省制造业新产品产值/陕西省制造业新产品开发经费支出
解释变量	环境规制强度	ERI	反映环境规制水平

1. 被解释变量

基于科研产出的绿色技术创新能力是指在绿色技术创新过程中，单位研发创新投入所带来的各制造业行业科研产出情况。对于变量R&D经费投入、科技活动经费内部支出、新产品开发经费投入、科技活动人员数、专利申请数、发明专利数、拥有发明专利数等，考虑到所选指标的内涵特性和与本文的匹配性，并借鉴多数研究的指标选取，本文采用陕西省制造业专利申请数与R&D经费内部支出的比值来度量基于科研产出的绿色技术创新能力，比值越大，绿色技术创新能力越高。

基于成果转化的绿色技术创新能力是指在绿色技术创新过程中，单位研发创新投入所带来的各制造业行业创新成果转化收益情况。对于变量新产品销售收入、工业增加值、利润总额等，考虑到所选指标的内涵特性和与本文的匹配性，并借鉴多数研究的指标选用，本文采取陕西省制造业新产品产值与陕西省制造业新产品开发经费支出的比值来度量基于成果转化的绿色技术创新能力，比值越大，绿色技术创新能力越高。

2. 解释变量

本文以环境规制强度来反映政府环境规制的发展变化，将陕西省工业废水排放总量、工业二氧化硫排放量、工业烟粉尘排放量、工业废水中化学需氧量排放量、工业废水中氨氮排放量、工业氮氧化物排放量利用因子分析方法来对环境规制强度进行度量，因为环境规制强度最重要的体现之一就是污染物的排放量减少，因此环境规制强度越强，污染物排放量就越少。

(三) 研究方法

1. 单位根检验 (Unit Root Test)

环境规制对陕西省制造业绿色技术创新能力的影响研究中涉及的都是时间序列数据，若时间序列是非平稳的，则模型所做的 t、F、χ^2 等检验将是不可信的；如果直接将非平稳时间序列进行回归分析，可能出现"伪回归"（Spurious Regression）的问题。"伪回归"是指时间序列本来不存在有意义的关系，但回归结果却得到一个较高的 R^2，其根本原因是时间序列的非平稳性。因此，在利用回归分析方法研究变量之间的关系之前，必须对时间序列的平稳性进行检验。单位根检验是时间序列平稳性检验中普遍应用的一种检验方法，本书将采用 ADF（Augment Dickey – fuller）检验。ADF 检验可以带有截距项或趋势项，即 ADF 检验可以通过三个模型完成，如表 5 – 7 所示。

表 5 – 7　ADF 检验的三个模型

序号	检验方程式	特点
1	$\Delta X_t = \gamma X_{t-1} + \sum_{i=1}^{p} \alpha_i \Delta X_{t-i} + \mu_t$	不含截距项和趋势项
2	$\Delta X_t = \alpha + \gamma X_{t-1} + \sum_{i=1}^{p} \alpha_i \Delta X_{t-i} + \mu_t$	包含截距项
3	$\Delta X_t = \alpha + \beta t + \gamma X_{t-1} + \sum_{i=1}^{p} \alpha_i \Delta X_{t-i} + \mu_t$	包含截距项和趋势项

2. 协整检验

在协整理论提出之前，为防止"伪回归"出现，建立的经典回归模型必须是建立在平稳时间序列数据基础之上，抑或把非平稳时间序列变换成平稳时间序列。但是协整理论表明，如果一组非平稳时间序列之间存在协整关系，可以直接建立回归模型。如果 m 个时间序列 X_{1t}，X_{2t}，…，X_{mt} 都是 $I(d)$ 序列，设 $X_t = (X_{1t}, X_{2t}, …, X_{mt})$，若存在一个 $1 \times m$ 阶行向量 $\alpha(\alpha \neq 0)$，使得 $\alpha X'_t$ 为 $I(d-b)$ 序列，则称序列 X_{1t}，X_{2t}，…，X_{mt} 存在阶数为 (d, b) 的协整关系，其中 α 为协整向量。(d, b) 阶协整的重要意义在于：两个变量，虽然具有各自的长期波动规律，但是如果它们是 (d, d) 阶协整的，则二者之间存在一个长期稳定的比例关系。

因此，在单位根检验的基础之上，本书将采用 Engle – Granger 两步检验法来进行协整检验。Engle 和 Granger 于 1987 年提出的两步检验法的步骤如下：

第一，进行协整回归。用 OLS 方法估计回归方程：

$$Y_t = \alpha_0 + \alpha_1 X_t + \cdots + \alpha_k X_{kt} + \mu_t \tag{5 – 7}$$

得到非均衡误差的估计序列：

$$\hat{\mu} = Y_t - \hat{\alpha}_0 - \hat{\alpha}_1 X_t - \cdots - \hat{\alpha}_k X_{kt} \tag{5-8}$$

第二，检验 $\hat{\mu}_t$ 的单整性。对 $\hat{\mu}_t$ 进行 ADF 检验，以检验其单整性。由于协整回归中已含有截距项，则检验模型中无须再用截距项。如果 $\hat{\mu}_t$ 是平稳时间序列，则认为序列 Y 与 $X_1, \cdots, X_k$ 间存在协整关系，而协整回归方程表明了这些变量间存在长期稳定的"均衡关系"。

3. 误差修正模型

若非平稳时间序列存在协整关系，则这些时间序列间存在长期稳定的关系。但是，这些长期稳定的关系是在短期动态调整中通过不断调整得以维持的。误差修正模型（Error Correction Model，ECM）由 Sargan 于 1964 年提出，后来经过 Hendry 等学者进一步完善，其主要形式由 Davidson 等于 1978 年提出。

假设存在协整关系的两时间序列 X 和 Y 的长期均衡关系为：

$$Y_t = \alpha_0 + \alpha_1 X_t + \mu_t \tag{5-9}$$

在现实经济中，环境规制强度与绿色技术创新能力水平很少处在均衡点上，因此实际观测到的只是环境规制强度与绿色技术创新能力水平间的短期或非均衡的关系；但是环境规制强度与绿色技术创新能力水平之间存在协整关系，绿色技术创新能力脱离长期均衡的状态会得到调节，即误差修正机制在起作用，以防止环境规制强度与绿色技术创新能力水平间长期关系的偏差扩大。

假设两时间序列 X 和 Y 的短期关系具有（1，1）阶自回归分布滞后形式：

$$Y_t = \beta_0 + \beta_1 X_t + \beta_2 X_{t-1} + \beta Y_{t-1} + \mu_t \tag{5-10}$$

对上述自回归分布滞后模型适当变形得：

$$\Delta Y_t = \beta_1 \Delta X_t - \lambda(Y_{t-1} - \alpha_0 - \alpha_1 X_{t-1}) + \mu_t \tag{5-11}$$

式（5-11）中，$\lambda = 1 - \beta$，$\alpha_0 = \beta_0/(1-\beta)$，$\alpha_1 = (\beta_1 + \beta_2)/(1-\beta)$。

式（5-11）称为一阶误差修正模型（First-order Error Correction Model），可以写成：

$$\Delta Y_t = \beta_1 \Delta X_t - \lambda ecm_{t-1} + \mu_t \tag{5-12}$$

其中，ecm 表示误差修正项。

（四）实证检验

1. 单位根检验

为避免"虚假回归"或者"伪回归"的存在，本文采用 EViews6.0 软件，对环境规制强度变量 lnERI、基于科研产出的绿色技术创新能力变量 lnNPA_RDIE 和基于成果转化的绿色技术创新能力变量 ln$NPOV\_DE$ 的单位根进行 ADF 检验，而对于 ADF 检验方程的选取则根据相应的数据图形来确定，如图 5-3 所示。同时采用 AIC 准则确定检验的最佳滞后阶数，差分序列的检验类型按相应的原则确定，变量差分后的单位根检验结果如表 5-8 所示。

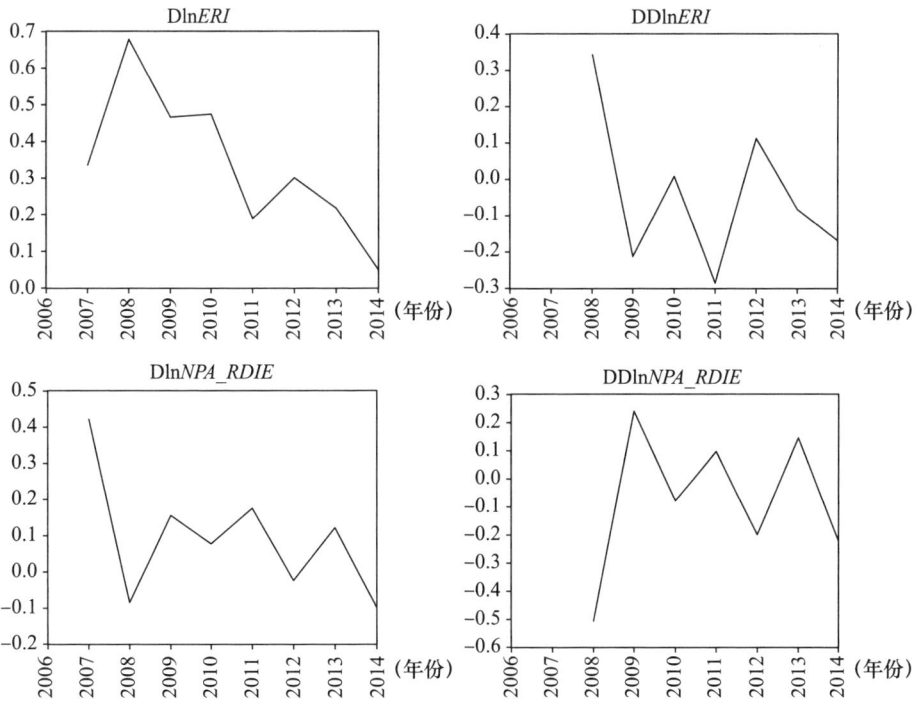

图 5-3 三个变量的差分时序图

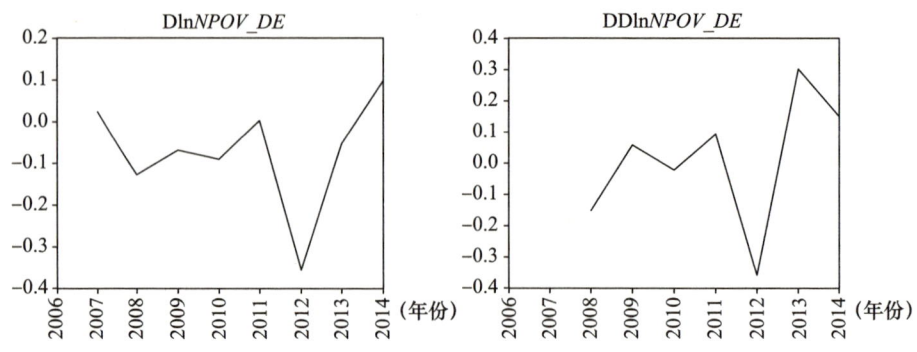

图 5-3 三个变量的差分时序图（续图）

表 5-8 ln*ERI*、ln*NPA_RDIE* 与 ln*NPOV_DE* 单位根的 ADF 检验表

变量	检验类型 (C, T, K)	ADF 值	P 值	各显著性水平下的临界值			检验结果
				1%	5%	10%	
ln*ERI*$_t$	(C, T, 1)	-0.4600	0.9432	-6.2920	-4.4504	-3.7015	不平稳
ln*NPA_RDIE*$_t$	(C, 0, 1)	-1.6106	0.4278	-4.8034	-3.4033	-2.8418	不平稳
ln*NPOV_DE*$_t$	(C, T, 1)	-2.4221	0.3461	-6.2921	-4.4504	-3.7015	不平稳
Δln*ERI*$_t$	(C, 0, 1)	-0.1853	0.8894	-5.1198	-3.5196	-2.8984	不平稳
Δln*NPA_RDIE*$_t$	(0, 0, 1)	-1.0765	0.2240	-3.0074	-2.0212	-1.5973	不平稳
Δln*NPOV_DE*$_t$	(C, T, 1)	-2.9002	0.2458	-7.0063	-4.7732	-3.8777	不平稳
Δ²ln*ERI*$_t$	(C, T, 1)	-5.2292	0.0362	-7.0063	-4.7732	-3.8777	平稳
Δ²ln*NPA_RDIE*$_t$	(C, 0, 1)	-9.5581	0.0004	-5.1198	-3.5196	-2.8984	平稳
Δ²ln*NPOV_DE*$_t$	(0, 0, 1)	-2.4814	0.0250	-3.1096	-2.0439	-1.5973	平稳

注：①Δ 表示一阶差分；②Δ² 表示二阶差分；③检验形式（C, T, K）中的 C 表示单位根检验方程的常数项，T 表示单位根检验方程的时间趋势项，K 表示单位根检验方程的滞后阶数，其中 0 是指检验方程不包括常数项或时间趋势项。

从表 5-8 可以看出，对 ln*ERI*、ln*NPA_RDIE* 和 ln*NPOV_DE* 三个序列自身及其经过一阶差分后的序列进行 ADF 检验得到的 P 值均大于 10%，因此接受含有单位根的原假设，即三个序列自身是非平稳的。但当三个序列经过二阶差分后，对其进行 ADF 检验，P 值都小于 5%，则拒绝含有单位根的原假设，即拒绝非平稳，因此这三个序列都是二阶单整的，即 ln*ERI* ~ *I*(2)、ln*NPA_RDIE* ~ *I*(2)、 ln$NPOV\_DE \sim I(2)$。因为这三个时间序列同为 $I(2)$ 序列,所以需进一步对各变量之间的协整关系进行检验。

2. 协整检验

本文为进一步分析环境规制强度分别与基于科研产出的绿色技术创新能力、基于成果转化的绿色技术创新能力之间是否存在长期的均衡关系,需要对环境规制强度与基于科研产出的绿色技术创新能力、基于成果转化的绿色技术创新能力分别进行协整分析。在单位根检验中得知:三个变量序列 lnERI、lnNPA_RDIE、ln$NPOV\_DE$ 均为二阶单整的,满足协整检验的前提条件,因此考虑 lnERI 与 lnNPA_RDIE、lnERI 与 ln$NPOV\_DE$ 之间是否存在协整关系。综上,针对模型1与模型2采用两步法对其进行协整关系检验。

第一步,采用 Eviews6.0 软件对模型1与模型2进行 OLS 估计,得到如下结果:

模型1:ln$NPA\_RDIE_t = -5.6099 + 0.2463lnERI_t + \varepsilon_t$ (5-13)

(-159.48) (6.6013)

$R^2 = 0.8616$,调整的 $R^2 = 0.8418$,DW = 2.8997,F = 43.5767

通过式(5-13)计算 OLS 估计的残差序列:

$ECM1_t = $ ln$NPA\_RDIE_t + 5.6099 - 0.2463lnERI_t$ (5-14)

模型2:ln$NPOV\_DE_t = 2.3137 - 0.2424lnERI_t + \varepsilon_t$ (5-15)

(62.1807) (-6.14067)

$R^2 = 0.8434$,调整的 $R^2 = 0.8211$,DW = 1.2562,F = 37.7081

通过式(5-15),计算 OLS 估计的残差序列:

$ECM2_t = $ ln$NPOV\_DE_t - 2.3137 + 0.2424lnERI_t$ (5-16)

第二步,检验残差序列 $ECM1_t$ 与 $ECM2_t$ 的单整性。首先,残差序列 $ECM1_t$、$ECM2_t$ 的时序图如图5-4所示。其次,对残差序列 $ECM1_t$、$ECM2_t$ 进行 ADF 检验以检验其单整性。由于协整回归模型1与模型2中已含有截距项,因此检验残差序列模型中无须再用截距项,残差序列 $ECM1_t$ 与 $ECM2_t$ 单位根的 ADF 检验结果如表5-9所示。因为残差序列 $ECM1_t$ 与 $ECM2_t$ 进行 ADF 检验的 P 值都小于5%,因此拒绝含有单位根的原假设,即 $ECM1_t \sim I(0)$,$ECM2_t \sim I(0)$。

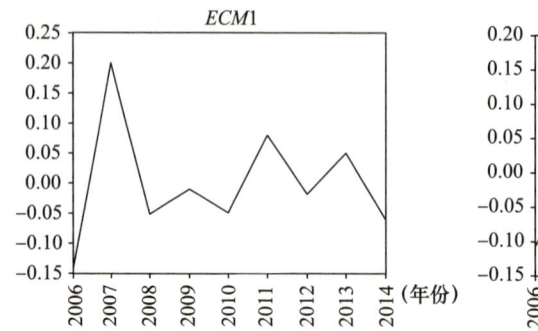
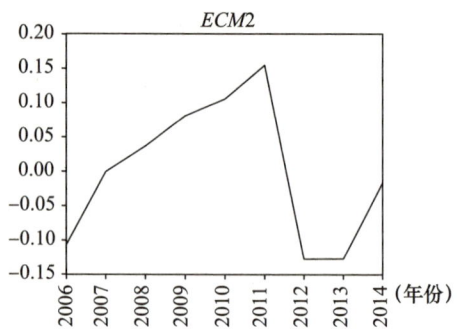

图 5-4 残差序列 $ECM1_t$、$ECM2_t$ 的时序图

表 5-9 $ECM1_t$、$ECM2_t$ 单位根的 ADF 检验结果

变量	检验类型 (C, T, K)	ADF 值	P 值	各显著性水平下的临界值			检验结果
				1%	5%	10%	
$ECM1_t$	(0, 0, 1)	-6.9415	0.0001	-2.8861	-1.9959	-1.5991	平稳
$ECM2_t$	(0, 0, 1)	-2.0802	0.0429	-2.8861	-1.9959	-1.5991	平稳

注：检验形式（C，T，K）中的 C 表示单位根检验方程的常数项，T 表示单位根检验方程的时间趋势项，K 表示单位根检验方程的滞后阶数，其中 0 是指检验方程不包括常数项或时间趋势项。

因为残差序列 $ECM1_t$ 与 $ECM2_t$ 是平稳时间序列，所以式（5-13）与式（5-15）分别表明环境规制强度与基于科研产出的绿色技术创新能力、环境规制强度与基于成果转化的绿色技术创新能力之间存在长期稳定的"均衡"关系。

3. 误差修正模型

根据表 5-9 与图 5-4 建立误差修正模型：

误差修正模型 1：$\Delta \ln NPA\_RDIE_t = 0.3067 \Delta \ln ERI_t - 1.6893 ecm1_{t-1}$ （5-17）

$\qquad\qquad\qquad\qquad\quad$ (5.0673) $\quad$ (-6.9710)

$R^2 = 0.8787$，调整的 $R^2 = 0.8585$，DW = 1.3481

误差修正模型 2：$\Delta \ln NPOV\_DE_t = -0.1914 \Delta \ln ERI_t - 0.7244 ecm2_{t-1}$ （5-18）

$\qquad\qquad\qquad\qquad\quad$ (-1.9852) $\quad$ (-2.0298)

$R^2 = 0.8954$，调整的 $R^2 = 0.84113$，DW = 1.8141

其中，$ecm1_t = \ln NPA\_RDIE_t + 5.6099 - 0.2463\ln ERI_t$，$ecm2_t = \ln NPOV\_DE_t - 2.3137 + 0.2424\ln ERI_t$。

误差修正模型1与误差修正模型2描述了均衡误差对陕西省制造业绿色技术创新能力的短期动态影响。误差修正模型1表明，环境规制强度短期对陕西省制造业基于科研产出的绿色技术创新能力的影响系数为0.3067，而模型1表明环境规制强度长期对陕西省制造业基于科研产出的绿色技术创新能力的影响系数为0.2463，对比说明环境规制强度对陕西省制造业基于科研产出的绿色技术创新能力的短期影响更为显著。误差修正模型2表明，环境规制强度短期对陕西省制造业基于成果转化的绿色技术创新能力的影响系数为 -0.1914，而模型2表明环境规制强度长期对陕西省制造业基于成果转化的绿色技术创新能力的影响系数为 -0.2424，对比说明环境规制强度对陕西省制造业基于成果转化的绿色技术创新能力的长期影响更为显著。

（五）实证结果讨论

按照本文中模型的设定，四个模型的估计结果如表5-10所示。

表5-10 模型的估计结果

变量	模型1	模型2	模型3	模型4
C	-5.609856***	2.313723***	-5.594748***	2.410665***
	(-159.4810)	(62.18074)	(-90.29416)	(55.64587)
$\ln ERI$	0.246344***	-0.242407***	0.238137***	-0.295072***
	(6.601268)	(-6.140695)	(4.951306)	(-8.774834)
$(\ln ERI)^2$			-0.017004	-0.109107**
			(-0.307234)	(-2.819666)
F-statistic	43.57674	37.70814	19.01675	41.55011
R^2	0.861596	0.843429	0.863740	0.932660
Adj. R^2	0.841825	0.821062	0.818320	0.910213
DW	2.899718	1.256207	2.931375	2.227492
Included Observation	9	9	9	9

注：***、**分别表示在1%、5%的水平下显著；括号内为t统计量的值。

根据表 5-10 中模型 1 的结果可以看出，环境规制强度对陕西省制造业基于科研产出的绿色技术创新能力的影响回归系数为 0.2463，且通过了 1% 的显著性检验，表明环境规制强度对陕西省制造业基于科研产出的绿色技术创新能力产生了正向影响，而且环境规制强度每变动 1 个单位，陕西省制造业基于科研产出的绿色技术创新能力将同方向变动 0.2463 个单位。根据模型 2 的结果可以看出，环境规制强度对陕西省制造业基于成果转化的绿色技术创新能力的影响回归系数为 -0.2424，并且通过了 1% 的显著性检验，表明环境规制强度对陕西省制造业基于成果转化的绿色技术创新能力的影响为负向的，而且环境规制强度每变动 1 个单位，陕西省制造业基于成果转化的绿色技术创新能力将反方向变动 0.2424 个单位。综合模型 1 与模型 2 可以得知，当政府增强环境规制强度，即采取严厉的环境规制措施或制定严格的强制性法规、标准时，陕西省制造业绿色技术创新能力的变化是不确定的：一方面，环境规制强度的提升促进了陕西省制造业基于科研产出的绿色技术创新能力；另一方面，环境规制强度的提升却导致陕西省制造业基于成果转化的绿色技术创新能力的削弱。

模型 3 中 $(\ln ERI)^2$ 对陕西省制造业基于科研产出的绿色技术创新能力的影响回归系数为 -0.017，模型 4 中 $(\ln ERI)^2$ 对陕西省制造业基于成果转化的绿色技术创新能力的影响回归系数为 -0.109，二者均小于零，表明环境规制强度对陕西省制造业绿色技术创新能力的影响呈倒"U"形，即在一定范围内，随着环境规制强度的提升，陕西省制造业绿色技术创新能力的水平不断提升，但并不一定是环境规制强度越强，陕西省制造业绿色技术创新能力水平就越高，超越一定的范围，环境规制强度的提升将抑制陕西省制造业绿色技术创新能力。

从基于科研产出的绿色技术创新能力的角度而言，$\ln ERI$ 与 $(\ln ERI)^2$ 对陕西省制造业绿色技术创新能力的影响回归系数分别为 0.238 与 -0.017，可以得知，环境规制强度与陕西省制造业基于科研产出的绿色技术创新能力的回归曲线对称轴为 $\ln ERI = 7$。从基于成果转化的绿色技术创新能力的角度而言，$\ln ERI$ 与 $(\ln ERI)^2$ 对陕西省制造业绿色技术创新能力的影响回归系数分别为 -0.295 与 -0.109，可以得知，环境规制强度与陕西省制造业基于成果转化的绿色技术创新能力的回归曲线对称轴为 $\ln ERI = -1.3532$。综上表明，当环境规制强度在区间 $(-\infty, -1.3532)$ 内，环境规制强度的提升将促进陕西省制造业绿色技术创新能力提升；当环境规制强度在区间（-1.3532,7）内，环境规制强度的提升将促进陕西省制造业基于科研产出的绿色技术创新能力提升，却使陕西省制造业基于成果转化的绿色技术创新能力降低；当环境规制强度在区间（7,+∞）内，环境规制强度的提升将使陕西省制造业绿色技术创新的水平下降，对陕西省制造业绿色技术创新能力有消极影响。

  四个模型的结果与分析表明：环境规制对陕西省制造业绿色技术创新能力影响具有不确定性。从历史发展演变的角度而言，当环境规制强度较弱时，环境规制强度的提升将促进陕西省制造业绿色技术创新能力提升；但随着环境规制强度的不断增强且超越临界值时，环境规制强度的提升将抑制陕西省制造业绿色技术创新能力提升。从绿色技术创新能力的角度而言，环境规制强度的提升促进了陕西省制造业基于科研产出的绿色技术创新能力提升，且环境规制强度对陕西省制造业基于科研产出的绿色技术创新能力短期影响更为显著；但是环境规制强度的提升却使陕西省制造业基于成果转化的绿色技术创新能力降低，且环境规制强度对陕西省制造业基于成果转化的绿色技术创新能力长期影响更为显著。

第六章
政策建议

在环境问题日益严重与市场竞争不断加剧的背景下，如何在经济发展中完善环境规制政策标准以及促进环境规制对陕西省制造业绿色技术创新的正向激励效应，对于实现陕西省制造业企业转型升级与经济的可持续发展具有十分重要的意义。另外，率先建成创新型省份，是"十三五"期间陕西省顺应国际科技发展日新月异和国内经济发展新常态、竭力推进供给侧结构改革的战略选择，是陕西省将科技教育大省的资源优势转化为西部强省的重要手段，也是陕西省"去产能、去库存、去杠杆、降成本、补短板"，提高供给结构适应性、灵活性，提高发展量和效益，增强国际竞争力的内在要求。

针对上述研究结论，为了更好地发挥环境规制对陕西省制造业技术创新能力的引导、激励作用，并实现政府、企业与民众的效益最大化，本文尝试着在以下几个方面提出相应的政策建议。

一、遵循创新发展规律并强化企业在创新中的主体地位

第一，遵循创新发展规律，促进陕西省发展方式和制造业企业创新战略的根本性转变。在建成创新型省份的过程中，陕西省制造业企业创新模式应积极从模仿创新为主向自主创新为主、模仿创新与自主创新相结合转变。要加强对市场创新、管理创新、商业模式创新、资本支持创新等驱动规律和全面创新配套衔接政

策的研究，尽快出台促进与企业各类创新形式配套衔接的组合式企业创新扶持政策，建立促进新技术、新产品、新业态、新商业模式诞生的良好环境。建立省部协调机制，在国家发展和改革委员会、国家科技部的指导下，全面开展创新型省份试点建设工作，深入完善创新型省份试点实施方案，统筹协调创新发展中的重大问题，研究制定并实施省"十三五"科学创新发展规划编制工作，建立健全全省科技报告制度和企业创新调查制度。

设立20亿元的创新型省份建设专项基金，采取合同管理、以奖代补、参股投资、贷款贴息、创业投资、绩效挂钩、担保等多种扶持方式，突出绩效评价，强调企业、人才根据市场需求自由选择创新方向，先行投入，对于绩效优秀的企业、平台，专项资金给予重点支持；建立和完善以企业为主体的技术创新体系，整合并充分利用企业的技术优势和科技资源，加强产学研合作；加大技术创新的投入，建立和完善企业高新技术研发中心、技术成果转化和产业化基地，形成技术创新平台；不断提高企业技术创新能力和成果转化能力，坚持以市场为导向，不断开发、创造出具有自主知识产权的核心技术，并使科技成果迅速转化为生产力，实现商品化和产业化。突出杠杆作用，鼓励企业主动投入，引导社会资金广泛参与，形成多元化、多渠道、多层次的科技创新投入体系。发挥省科技资源统筹中心的示范带动作用，在除咸阳、宝鸡、榆林外的省内其他地市设立分中心，构建各类型创新服务平台。

第二，强化企业在绿色技术创新能力方面的主体地位，加快产业转型升级和追赶超越步伐。目前，我国已成为全球制造业第一大国，从制造业大国向制造业强国转变迫在眉睫，而实现这一转变的关键是制造业技术创新的突破。在全球产业重新布局的背景下，制造业发展需要整合相关优势资源，鼓励制造业与生产性服务企业间实施"无缝对接"和互动发展，逐步将企业发展重点集中于技术研发、市场拓展和品牌运作等环节，加强装备制造业、高技术以及传统制造业中的高端产品的技术引进，获取先进技术及我国制造业转型升级所需的战略资源。当前，制造业数字化、智能化是工业化和信息化深度融合的必然结果，重塑制造业竞争的新格局，为制造业展示了一个发展的新趋向，数字化制造、智能化制造将成为"中国制造2025"创新驱动、转型升级的制高点、突破口和主攻方向。我国经济依靠以"高投入、高消耗、高污染、低效益"为特征的"三高一低"传统发展路径已难以为继，尤其是在逐步告别人口红利、"入世"红利和国际产业转移红利之后，转型升级、变革创新已成为当前中国经济发展的主旋律。必须紧紧抓住"十三五"期间国家推进"中国制造2025""互联网+"和推进"一带一路"、国际产能合作的良好机遇，强化企业创新主体地位，努力提升企业核心竞争力和品牌塑造能力，实现创新战略目标和新常态下经济动力的转换。继续深化推进企业产权制度改革，联合国资委、总工会、工交办、国税、地税等部门，积极开展创新型企业试点工作，同时进一步完善企业创新活动利益分配机制，激励企业家、科研人员创新积极性，为企业创新提供体制机制保障。充分发挥企业在创新中的主体地位，促进区域产业转型升级。尽快研究制定并出台加快绿色技术创新发展的相关政策，改造传统制造业，并通过推进电子商务、现代物流在行业中的普及应用，助力新兴业态发展，提升发展效率与发展质量，促进产业结构转型升级和发展提质增效。密切关注沿海或国外企业动向，陕西省制造业相关企业需保持对日美韩德等国家企业的高度关注，对各企业专利申请及授权情况进行密切追踪，及时了解各竞争对手的绿色技术发展动态，瞄准国际标准，建立技术创新联盟，推进技术创新国际化，不断提高整体技术水平和核心竞争力，开拓国际市场，走国际化道路，充分利用国际科技资源和先进科技成果，坚持先进技术引进和消化、吸收、创新相结合，积极参与重大关键技术的国际项目合作研究与开发，这有利于相关企业调整技术研发方向。陕西省企业应及时跟上国外申请人绿色技术研发重心的转变，调整自身研发方向，以便为陕西省制造业企业走出国门做好准备。

二、倡导采取灵活多样的环境规制形式并提高环境规制的相对力度

第一，倡导政府采取灵活多样的环境规制形式，要根据特定产业污染物排放特点以及目标群体多元化特征，充分发挥环境工具组合效应对技术创新的积极作用。一国的环境规制对企业的影响，不仅取决于环境规制强度的松紧，还

与环境规制的形式有关。鉴于单一环境规制工具的实施效果受到多种因素的制约，因此对于环境规制工具的选择我们提倡在市场型工具和命令—控制型工具中进行灵活组合与综合运用，广泛应用环境税、排污费、排放权交易等以市场为基础的环境规制手段，引导企业改变原有粗放型的生产经营模式，刺激企业进行绿色技术创新能力的提升，从而实现产业结构的优化与升级。例如，对一些需要政府重点扶持的战略性新兴产业，可以更多地考虑采用补贴与排污费的工具组合，以发挥其对绿色技术创新的激发作用；在纺织服装、家具制造、电气机械与仪器仪表等清洁型制造业部门中，可以更多地推广使用环境税、回收利用系统、绿色消费等与市场需求密切相关的环境规制手段；在纺织业、造纸及纸制品业、化学原料及制品制造业、橡胶与塑料制品制造业等污染密集型行业中，可以集中采用排放权交易、排污费—返还机制与税收—补贴机制等环境规制措施，可将污染密集行业进行分类，依据不同行业规模和创新人力资源投入制定环境规制政策，确定环境标准和规范，如在一定时期内，对于行业规模与创新人力资源投入较大的污染密集行业，可加大环境规制力度，通过制定更高的市场准入及环境标准等措施，推动其实施绿色技术创新并降低环境污染；对于行业规模较小、创新人力资源有限的行业则可以通过弱化行政手段而强化经济手段的方式、实施专项补贴等措施降低其绿色技术创新成本。促使行业在实施技术创新时兼顾经济目标和环境目标，真正达到防止环境污染的目的。

　　一般认为，基于市场的规制工具更有助于诱发绿色创新特别是激进型创新，而命令—控制型规制则更益于终端减排。规制政策的绿色创新效应不但取决于政策本身的类型，而且更多地取决于政策设计特征、执行情况等。不论是基于市场导向的政策还是命令—控制型政策，政策次序、严格程度、灵活性、可预期性、政策实施监管力度等属性特征是决定规制绩效的重要方面（聂爱云、何小钢，2012）。处于减排能力建设过程中的转型国家，以技术标准和绩效标准为代表的命令—控制型规制政策可能更加适合，因为基于市场（经济）激励的方案对环境监管机构能力的要求更高、管理的要求更严格，而转型经济国家在监管方面恰恰比较弱。因此，对于中国而言，要在提高已有的命令—控制型环境规制实施、监管效率的同时，大力发展基于市场的规制工具，同时利用各自的优点促进减排和绿色创新。在环境规制实施环节中，注意根据地区经济环境、行业特点以及绿色技术创新水平等差别对待，达到高效规制、有效减排的目标。

20世纪80年代以来，美国、英国等发达国家为了降低环境规制成本、提升规制效率，在环境规制政策、规制手段、规制模式及具体执行等方面进行了积极的改革与创新。以美国环境保护署在环境规制政策影响评估中通常采用的收益—成本分析法为例，具体步骤包括环境规制条例的成本测算、收益估算以及成本与收益的比较分析等（赵红，2006）。考虑到环境规制形式多样，牵扯到不同的领域以及不同的环境规制目标，其对不同地区、不同企业的影响也存在较大差异，因此，为了更好地发挥环境规制对绿色技术创新的激励作用，积极借鉴发达国家的成功经验，建议在增强企业环境保护意识的同时，引入环境规制影响的分析评价，这将为政府灵活制定和执行不同的环境规制形式提供一种恰当的决策参考。

第二，政府应当在鼓励制造业企业进行绿色技术创新的同时，进一步提高环境规制的相对力度。从短期来看，环境规制尽管对陕西省制造业的生产成本与技术进步带来负面影响，但这种影响是有限的，尚在可以承受的范围之内，那种认为环境规制会降低中国产品竞争力的担忧是没有必要的。而从长期来看，适当的环境规制将刺激企业进行绿色技术创新的革新，减少生产费用，提升产品质量，这样既可以引导企业限制或替代一些高污染、高能耗的一些生产环节，又可以使陕西省企业在市场上获得竞争优势的同时，提高产业绿色技术创新的能力。目前我国面临的资源环境约束趋于强化，传统粗放型的经济增长方式已经难以为继，为了实现经济发展与环境保护的双赢，以及促进环境友好型产业的转型升级，政府在鼓励制造业企业积极融入全球生产网络、促进技术进步与提升产业国际竞争力的同时，针对环境规制问题要避免走入两种误区：一是试图不顾经济和环境的可持续发展，通过降低环境标准来提高产品市场竞争力的短视行为，二是不切实际、盲目提高环境规制强度的跟风行为，而是要切实结合当地的经济发展水平和环境承载力合理制定符合实际的环境规制政策。

三、建立完善的产学研协同创新机制，加快科技成果创新创造和提高产业化水平，促进陕西省制造业转型升级

大学和科研机构以及个人已经在绿色技术创新理论研究方面投入了大量的精力，也有丰富的技术积累，但却对产业应用和市场缺乏足够的经验，而企业常常有着丰富的实际应用经验，如果双方能够积极沟通、取长补短——大学和科研机构以及个人侧重于解决企业在实际工作中遇到的各种问题，从而避免脱离实际；企业把握市场动态，积极发掘实际需求，与大学和科研机构以及个人进行深入研究合作，发挥学研机构的组织牵头作用，这对各方都大有裨益。科技成果转化率低一直是困扰我国创新能力提升的一个主要问题。一般工业发达国家的科技成果转化率可达30%~40%，而我国仅有10%左右，其中一个关键原因是我国创新链在基础研究和产业化之间存在断裂或者破损，或者说是学研机构的科研供给与企业的市场需求脱节。因此，要切实解决和改变当前科技成果转化率偏低的问题，就要以市场需求为导向，如采用定制方式转化科技成果，发挥研究型大学和科研机构在制造业创新中心的组织牵头作用。原则上，每个制造业研究中心由一个研究型大学或科研机构牵头，若干个不同层次的大学和科研机构参与，形成"产学研用"联合人才培养机制，发挥学研机构的技术支撑作用。一方面将每个制造业创新中心学研机构的师资和技术力量最大化利用，在主攻技术创新的同时，承担"教学工厂"任务，帮助提升其会员企业尤其是中小企业员工的技术创新能力，并为其会员企业尤其是中小企业的研发和运营提供技术支持，形成"产学研用"联合人才培养机制。另一方面要深化教育体制改革，改变"工科院校理科化"和单纯重视精英型人才培育的教育模式，转向同时关注工程师、高技能工人和一般产业工人通用技能提升的教育模式。另外，深化大中小企业紧密合作，推动企业相互之间的协同创新。每个制造业创新中心吸纳100~300家大型跨国公司、中小企业和初创企业等不同规模的企业参与，充分发挥其各自的比较

优势,产生"1+1>2"的协同效应。

大型跨国公司尤其是大型中央企业具有雄厚的资金实力与科研基础设施优势,但冒险精神、创新活力不够;中小企业和初创企业往往是变革性技术的早期采用者,不仅是科研成果转化的主力,而且众多颠覆式技术创新都是中小企业实现的,具有创新活力优势,但其创新活动往往受到资金约束。通过深化大中小企业紧密合作,既加快培育世界级创新领军企业,又促进科技型中小企业健康发展。

陕西省制造业未来的转型方向应当是以大项目为带动,引进技术先进、附加值高、延长产业链的项目,抓好三星电子存储芯片项目、三星和华天等高端半导体项目、中兴和酷派手机制造项目等,形成集成电路生产、光伏产业、智能终端等领域的发展优势。加快材料、数字化设计、快速成型、关键部件等技术的开发应用,面向航空、航天、汽车、船舶、医疗、文化创意等重点行业,推进3D打印及智能制造新技术、新工艺、新装备、新产品的研发和产业化。

建议站在国际化的高度,尽快制定有利于加强陕西省内企业、高等院校和科研机构等与省外企业、高等院校、科研院所在一些事关绿色技术创新、人类社会发展和国内、省内以及"一带一路"沿线国家和地区发展的重要科学技术问题上加强合作和协同创新的政策。

具体来讲,一是围绕陕西省和丝绸之路沿线国家或地区支柱产业,以骨干企业为核心,联合境内外相关高校、科研院所和中介结构,构建若干个国际化产业技术创新战略联盟,集中力量攻克产业共性关键技术。二是设立国际产学研协同创新专项基金,制定国际产学研合作引导计划,重点支持以企业为主体,联合境内外高校、科研院所以及企业开展的合作研究、联合攻关、新产品试制、科技成果转化和产业化项目。利用创新专项基金还可以吸收国际资本。三是建立跨国产学研协同创新联席会议制度,加强国家间和国内、省内科技、教育、经济等部门之间的沟通和协调,组织推动产学研合作项目的实际落实。四是加强产学研协同创新信息网络平台建设,收集和发布企业技术需求及高校、科研院所最新科技成果。五是完善产学研协同创新的环境,使创新网络内节点企业价值文化达成共识,真正使不同利益追求、不同技术、不同背景和身份的个体(企业)形成合力。六是发展各类国际化的企业孵化器、加速器、创业投资机构等科技中介服务机构，促进产学研向纵深发展。围绕国家发展大飞机、航空发动机的重大战略，推进新舟60和600飞机系列化发展、新舟700飞机研制、运8系列改进改型、民用无人机研制和产业化，扩展Y20、C919、ARJ21等重大机型配套业务，加快建设全球最大涡桨支线飞机研制生产基地。围绕载人航天、探月工程、北斗卫星导航等国家重大科技专项，研制新一代无毒、无污染、高性能和低成本的航天运载动力，发展卫星有效载荷、卫星移动通信、卫星导航、遥感数据以及航天特种技术应用等，完善卫星应用产业链，打造国内领先的卫星应用产业集聚区。

四、加大知识产权保护力度

加大知识产权保护力度，不仅有利于改善当地的绿色技术创新环境，提升当地创新主体的创新积极性，而且能够打消绿色技术创新含量较高的外商直接投资进入时的疑虑。实行适度的知识产权保护，既有利于跨国公司对外的绿色技术转移、知识外溢效应的发挥，也有利于保护知识产权所有者的正常利益，从而充分调动企业绿色技术创新的热情，推动本土企业在技术模仿的同时尽快实现"二次绿色技术创新"。Fu（2011）对英国在亚洲投资的公司的研究表明，这些公司在当地的子公司中使用相对先进的技术并非世界一流的技术，最主要的原因之一就是中国的知识产权保护力度太低。因此，尽管这些公司提供了在发展中国家的投入和产出，但对建立本土绿色技术创新所起到的作用却很弱。缺乏对知识产权的保护，使大量的研发人员从国内的公司进入外资研发机构，尽管绿色技术的研发仍在中国，但绿色技术并没有在国内推广。郑亚莉（2012）认为，知识产权保护力度的提高能够明显提升我国高新技术产业竞争力。然而，目前我国整体知识产权保护力度不足，存在保护不及时、执法不严的问题，很多时候都是事后保护，这样对知识产权所有人造成很大的损失，导致多数企业进行绿色技术创新的动力不足。因此，提高知识产权的保护力度将有助于环境规制政策目标的实现，并有助于激励企业进行绿色技术创新。

从具体情况来看，陕西省除遵循使用国家颁布的专利保护的法律法规之外，在 2006 年之前的地方性知识产权法规主要有《陕西省专利保护条例》（2003 年 10 月）、《陕西省专项资金管理办法》（2004 年 11 月）；2012 年对《陕西省专利保护条例》进行修订并在当年 10 月投入使用；直到 2013 年，陕西省才对之前的《陕西省专利纠纷处理办法》（2007 年 7 月）、《陕西省查出假冒专利行为办案规程》（2005 年 2 月）进行规范性修订并正式予以使用。可以看出，陕西省专利保护法法规近两年才逐步地趋于完善，但还是事后性保护比较明显。根据陕西省知识产权局发布的《2014 年知识产权保护现状》，陕西省在 2012 年对侵犯知识产权的打击力度有所提升，在知识产权保护的宣传方面也有所加强。但由于受陕西省制造业发展环境的制约，目前的知识产权保护水平也不足以促进制造业进行绿色技术创新。因此，陕西省在知识产权保护力度方面想要为制造业绿色技术创新培育土壤，还需向发达国家和地区学习更好的知识产权保护手段。美国和日本在知识产权保护方面根据社会发展的需求不断地予以调整和完善，在信息技术、计算机软件和商业秘密等方面具有比较合理严密的法律法规，值得陕西省加以借鉴。

我国部分地区已经配套出台了地方性的知识产权保护法规，陕西省也应该根据自身的情况，建立健全知识产权保护法律法规体系，政府在进行知识产权保护的制度安排时应充分考虑到行业异质性，既要保证创新主体从研发中获得足够多的利润以激励其研发，又要减少因为过度的知识产权保护所带来的创新阻碍，从而提高行业总体创新水平。一是根据各产业人力资本水平、模仿与创新能力的不同科学制定知识产权政策。对人力资本水平较高、模仿与创新能力较强的产业，实施相对严格的知识产权政策。例如中国的信息技术、航空航天、光伏等产业，近年来人力资本积累与技术水平提升较快，一些核心关键技术也得以突破，适度提高这类产业的知识产权保护水平，对自主创新的促进作用会大于对模仿的抑制作用，同时也会增强企业的危机意识，促使企业加大研发投入，加速攻关核心关键技术。二是根据产业要素密集度的不同实施适宜的知识产权政策。对知识、技术密集型产业实施相对较严的知识产权政策。例如高新技术产业、战略性新兴产业、信息产业等，对知识的创造、获取与积累的依赖性更强，知识资本积累和技术进步对经济增长的贡献率比物质资本更大，拥有自主知识产权的核心关键技术是增强产业核心竞争力的关键，其高研发投入与高研发产出特性也要求更严格的知识产权保护，否则会导致大量后发或跟随企业以低成本"一哄而上"从事模仿性生产，对创新型企业造成"挤压"或"挤出"效应，从而不利于产业发展。发展战略性新兴产业的根本就在于对战略性、先导性重大科技的创新及其知识产权的掌控与应用；信息产业发展的原动力也是技术进步，其核心竞争力突出地表现为对知识产权的创造与控制。因此，对于这类产业，只有适度提高知识产权保护水平，严格知识产权执法，才能有效保护知识创造者、专利拥有者的合法权益，激励企业加大 R&D 投入进行核心关键技术攻关，从而实现产业的可持续发展。三是鼓励企业实施知识产权战略，强化自主知识产权保护意识，形成自主知识产权保护体系，加大自主知识产权保护力度，改善和营造有利于企业自主创新和自主知识产权保护的法制环境，提升自主知识产权开发、创造、管理、运用、保护和发展的能力，增强自主知识产权竞争力，提高企业核心竞争力，促进企业快速、可持续发展。

五、建立健全多元化企业创新投入体系，提高研发投入强度

为保证企业绿色技术创新有足够的资金支持，一要认真贯彻落实国家和省政府有关增加企业绿色技术创新投入的相关政策，保证省级绿色技术创新投入的稳定增长。二要大力发展创业风险投资。加快设立政府创业投资引导基金、产业发展基金，通过吸收海内外企业、金融机构、个人通过参股等方式，创设市场化运作的专业风险投资机构或产业基金。充分发挥科技成果转化引导基金的作用，做大绿色技术创新风险投资基金的规模，引导社会资本投向以高新科技产业为主的种子期、初创期的科技成果产业化项目。充分利用绿色技术创新贷款风险补偿支持方式，丰富绿色技术创新金融产品，提升科技型中小企业融资能力。三要推进区域资本市场建设，变企业对银行信贷的间接资本需求为直接资本需求，降低企业创新融资成本。支持鼓励科技企业进入深沪主板、创业板和"新三板"上市交易；加快完善资产证券化、企业债券发行制度建设等。此外，发挥产权交易机

构在企业绿色技术创新项目融资、企业产权转让等方面的服务功能，保障企业创新形成稳定的资金来源。

《〈中国制造2025〉陕西实施意见》重大项目表和重点任务分工中明确提出要"突出创新驱动，构建制造业开放式创新体系"和"聚焦绿色制造，实现制造业可持续发展"。因此，加大绿色创新力度将是陕西省制造业在未来发展的重点任务之一。经济发展为绿色创新提供良好的基础设施环境和资金保证，通过绿色技术创新进一步获得先进的生产力和新技术从而促进经济的发展，因此，实现绿色创新和经济发展的互相促进协调发展意义重大。陕西省近年来在国家方针的引领之下，不断提高研发投入，取得了一定的成效。但就研发投入的强度来讲，陕西省与东部沿海地区省份存在较大的差距。提高研发强度，不但能够相对提高当地的绿色技术创新能力，在一定程度上也能说明当地对创新的重视程度，从而容易形成较好的创新环境。

企业研发经费投入强度（企业研发经费与主营业务收入之比）是国际上被广泛采用的评价企业创新能力的核心指标。从这一指标来看，中国制造业企业的创新能力与世界制造强国的差距仍然很大，企业应该加强自身研发投资力度，增强自身创新能力和核心竞争力。提高研发强度有利于提升当地的绿色技术创新能力和吸收能力，能够更好地吸收和转化外来绿色技术。此外，绿色技术的扩散和使用并不是无条件和无成本的，绿色技术的扩散和使用是否有效依赖于企业的吸收能力和资产状况。只有当地的绿色技术创新能力达到一定的水平，企业才会进行更加完整的创新实践活动，由此为企业提供更多的绿色技术创新的机会。绿色技术创新只有在治理结构比较完善和创新系统比较先进的情况下才能更有效地进行。没有主动的绿色技术创新，只是原封不动地将先进的绿色技术植入本地企业中，并不会真正地转化为企业自主的绿色技术创新能力。如果不能提高研发强度、提高自主的绿色技术创新能力，企业在市场中的竞争力将会削弱。鼓励自主研发和绿色技术创新活动，消化和吸收外国先进的绿色技术创新能力，对加速绿色技术学习和建设自身能力来讲是必不可少的。

在具体的研发投入上，陕西省可以根据不同的绿色技术需求和类型进行针对性的投入，提高资源的利用率。一是创新研发策略，提高研发投入的效益。企业自主创新要坚持以市场为导向的产品研发策略。企业必须加强市场研究，及时把握市场的变化趋势,并主动根据需求变化来进行预测和做出产品研发安排,以确保能够为市场提供所需要的产品和服务。就当前国内市场来说,与需求不足相比,我们更加缺乏的是能够真正满足需求的产品与服务。企业通过加大对新产品、新服务方面的研发投入,可以直接增强核心产品与服务的市场竞争力。二是创新研发思路,拓展研发投入的范围。一般来讲,创新收益的独占性和创新周期密切相关,创新周期越长,收益独占性越差。为了缩短创新周期,必须创新研发思路,实施开放式创新。开放式创新主张放弃企业所有创新活动都由自己独立完成的做法,而是以市场需求为原动力,以尽快形成优势产品为目标,总成技术或核心技术由自己开发,或与其他单位联合开发,配套技术或一般技术外部采购,将合作视野放宽到"内外部、上下游、国内外"。在创新过程中,不排除引进先进技术,以解决关键环节的"卡脖子"因素,但着力点仍是培育自己的核心能力。三是创新研发机制,巩固研发投入的根本。研发投入的根本是培育良好的研发机制。企业只有高度重视科技人才队伍建设,充分调动科研人员的积极性和创造性,不断发现和培育关键技术人才,才能形成人才辈出、人尽其才、才尽其用的良好局面,才能打造一支层次分明、结构合理、素质高、能力强的创新人才梯队,才能提高海外高科技人才的吸引力度。企业提高这方面的研发投入,也就是在巩固研发投入的基础。此外,还要重视培育企业的创新环境,要通过建立合理的制度,合适的组织结构,推动持续性的创新。要通过提高研发投入大力倡导创新、鼓励创新,激发研发人员的创造活力,并形成企业文化,使企业走上创新驱动、全面协调可持续发展的道路。对于绿色技术创新的企业而言,较高的自主创新能力意味着较高的技术水平和成熟的劳动力素质,因此绿色技术创新的企业更愿意把技术含量较高的产业转移到创新环境好的地方。提高地方财政的科技支出,提高创新能力,形成较好的创新环境将有利于企业进行绿色技术创新。

六、完善企业创新政策,狠抓政策的宣传和落实

适当的政策支持对企业创新具有重要影响。在新兴工业化国家和发展中国家

中，创新政策对企业创新的影响更为重大。鉴于此，利用创新政策激励企业开展创新活动，已成为理论界和各国政府普遍关注的问题。

首先，政府应加大政策扶持力度。政府应加大对陕西省制造业绿色技术创新能力的政策支持，要确保各项扶持政策落到实处，既要加大对研发的投入，又要加大对专利申请的资助，尤其加大对重点专利申请的扶持力度。考虑到企业异质性对创新政策实施效果的影响，必须增强政策实施的针对性，完善政策执行前的评审及监督机制。扩大财税政策对研发的支持，在绿色创新与减排政策工具箱中，除标准和管制等政策外，研发补贴与财政税收等研发支持政策仍然是核心的政策工具。政府有必要通过研发补贴或者税收减免，纠正研发具有的正外部性，以提高本国的社会福利水平。譬如可以采取对企业从事的研发活动进行事前补贴和事后征税搭配的政策，以引导企业从事社会预期的研发活动规模；政府加大投入力度来支持节能减排技术的推广，对于积极使用高效节能技术的企业给予适当补贴或税收优惠政策，激发更多企业提高资源的利用率；鉴于中国长期以来对能源与低碳技术研发的投入规模较小，政府应该在加大能源与低碳研发投入的同时，扩大财税政策的优惠范围，从而有效支持企业层面的绿色研发活动。综上，应从政策上帮助陕西省制造业企业做大做强并走出国门占领国际市场。

其次，针对陕西省"十三五"规划确定的率先建成创新型省份的基本目标，建议成立由省政府主管领导挂帅，科技、财政、税务、统计等相关政府部门参加的省企业创新扶持政策落实监督组，对创新政策的落实情况进行跟踪调查，及时发现政策实施过程中出现的问题。政府还应利用法律等强制性手段建立一个健全的环保体系，加强环保部门的执法力度和监管力度，构建环保约束和激励机制。其主要目的在于制定一个长期的环保规划，同时把相应的环保法案法律化，为建设资源节约型和环境友好型社会奠定一个法律基础。充分发挥人大依法监督、政协参政议政的职能，在认真梳理不同层面扶持创新创业优惠政策、全面掌握政策落实情况的基础上，针对落实中存在的问题，抓紧制定具体的政策贯彻落实实施方案，并在实践中不断完善，确保政策的有效实施，努力提高政策的执行力。力求在促进企业绿色技术创新发展与环境改善方面取得积极成效。

最后，加强政策宣传与咨询服务，强化对政策落实情况的跟踪监测。通过一切可用途径、现代媒体等手段深入宣传国家和省相关产业政策、科技政策、税收优惠政策，也可通过免费向企业分期分批提供专项培训、定期在高校和科研院所开展政策解读宣讲会、开通政策咨询服务热线、在官方微博微信公众平台开通咨询反馈通道等方式，让企业管理人员、经济部门、科研院所和高校等都了解国家关于创新创业鼓励或激励的优惠政策，用足、用活、用好这些政策，切实提高政策的实施效果。通过宣传教育提高公众的环保意识，建立健全行政诉讼、环境听证、环保组织、环境信访和信息披露制度，提高企业的环保意识和社会责任感，实现经济效益、环境效益以及社会效益的协调发展，充分保证环境规制作用对绿色技术创新的激励作用。

七、促进军民融合

近年来，军民融合理论不断发展完善，逐渐向实践深度迈进，军民融合政策法规也不断完善，在国防动员、固定资产投资管理、市场准入和监管、军民技术转化、税收、保密管理、国防知识产权、人才建设等方面，均有系列相关政策出台。政策法规为国防与军队现代化建设提供了较好的外部环境支撑。

陕西省是我国"三线"建设军工企业的重点布局区域，军工实力雄厚，综合实力排名位于全国前列，拥有众多的国家级示范基地（园区）。国防工业门类齐全，各类军工和民营配套单位超过300家。陕西省在2011~2015年实现了军工和民口配套的总产值年均增长15.7%、总收入年均增长11.1%。现今形成的军民结合基地主要有以下几个：①西安阎良国家航空高技术产业基地。这是我国首个国家级航空高技术产业基地，具有完整的航空工业体系，涵盖了集设计、制造、试飞鉴定、产学研于一体的航空高技术集群。②西安国家民用航天产业基地。该基地是第一批国家级的军民结合产业基地。基地以高科技航天民品为主，军民融合产业相互对接，旨在将航天高科技转化到民用领域。③西安兵器工业科技产业基地。此基地是工信部批准的以军民结合为特色的第六批国家新型工业化产业基地。基地以兵器工业生产为中心，旨在建设一个以民为主的兵器产业集群。主要产业为现代装备制造、光电信息等。④汉中航空产业园。这是工信部批准的以军民结合为特色的第四批国家新型工业化产业基地。产品结构布局为"一个主机、两个中心、六个专业化",承担陕飞公司中型运输机制造的任务。⑤渭南蒲城通用航空产业园。这是国内唯一通用航空试点园区,成功举办了"中国国际通用航空大会"。

为提升陕西省军民融合竞争力,进一步推进陕西省制造业绿色技术创新能力的提高,本文提出以下建议:

第一,加大对军民融合产业基地自主创新和技术创新的资金支持。省政府加大投资力度成立军民融合专项基金,由专门的团队来运作与管理,用于军民融合重大技术改造项目贴息、重大技术创新项目补助,之后以财政增收情况逐年递增,并且积极争取国家国债资金的支持;放宽市场准入,引入社会资本投资试点,以陕西省特色的军民结合产业基地为依托,确定数家企业在军民融合两用技术研发和应用领域开展社会投资试点。建立以国有投资为主、民营等多种投资为辅的股份制军民融合企业。

第二,搭建军民合作的桥梁。陕西省军民融合各产业基地要成立专门的负责机构,积极规划军民融合布局,并负责落实措施。运用现代网络工具架起军民合作的桥梁,及时更新网络内容,推送最新的信息给需要的企业和个人。管理者要积极鼓励成立民间组织并加入进来,提供中介服务,帮助企业了解法律风险、信息支持、政策解读、产学研合作等方面的内容。

第三,鼓励民营企业积极参与军品生产。民参军一直是军民融合产业发展亟待解决的难点问题。众所周知,民营企业的某些技术成果在一定程度上能够弥补军品生产的空白,因此鼓励民营企业积极参与到军品生产中是助推军民融合产业发展的有效方法。政府在军与民合作中要发挥催化剂的作用,坚定不移地支持民进军。对于保密要求低的军工产品,鼓励民营企业大胆参与;对于保密要求中等的军工产品,严格审查民营企业有关资质;对于保密要求高的军工产品,坚决不放开。

第四,鼓励军工企业加强合作。支持军工企业突破行业、地区、制度的约束,加强合作,提高企业核心竞争力,促进企业资本、技术、产品和人力整合,引导产品之间、企业之间加强合作,鼓励相互配套、相互参股。通过改革,推进军工企业与民用企业之间的改制,调整行业和企业格局,做大做强高技术民品产业。吸引更多的企业和重大项目向基地（园区）聚集，实现集群发展。

第五，鼓励陕西省国有企业、政府性基金通过参股、控股、兼并、收购等方式参与军工企业的改组改制，建立合资公司，引导和带动社会资金参与军品科研生产和军工基础建设。鼓励军工单位围绕能源化工、汽车制造等优势主导产业发展和提供配套产品，发挥军工技术和装备优势参与改造和提升冶金、有色、纺织、食品等传统产业。

第六，制造业服务化。积极推广"陕鼓服务"等模式，支持汽车、输变电、节能环保、数控机床等领域企业围绕市场需求，加速向成套、总承包以及研发、营销、监测、维修等产业链服务环节延伸，为客户提供个性化产品设计、整体解决方案、在线监控维护、全生命周期管理等服务，使企业由设备提供商向系统集成服务商转变。

八、政府应采取多种手段开展环境规制，社会各方积极推进绿色技术创新

企业绿色技术创新和扩散是解决环境问题的关键动力。政府应制定理想的环境规制政策，通过提高政策强度，同时保证强度适中，不可超过企业的承载力，激励企业开展绿色技术创新。为了有效激励企业绿色技术创新工作的开展，政府应在严格的命令控制规制政策的基础上，消除制约市场激励和公众参与规制政策发挥作用的抑制因素，充分发挥市场激励型环境规制政策的作用，大力倡导自愿披露型环境规制工具。另外，环境规制强度过高会导致企业因难以承受规制成本的增加而破产倒闭，因此必须要确定恰当的环境规制水平。同时，在制定规制政策和强度水平时，需要考虑经济发展水平和地区差异，以充分促使企业开展绿色技术创新活动，兼顾经济社会发展和生态环境的双赢目标。政府在加强绿色研发投入的同时，应该针对不同行业特征、绿色技术类型采取有区别的研发扶持政策。从而提升政府研发支持政策的绿色创新诱发效应，真正达到生态文明建设的目的。

政府作为绿色创新的推动者及环境监管的权力机关，其进行管理的手段与力度均会对绿色技术创新扩散产生影响，因此，政府应注重把握监管力度，合理选择环境规制手段、规划环境规制成本，以防止资源的过度浪费，同时防止过激手段的实施对绿色技术创新带来的阻碍。通过政府的环境规制，充分发挥各种规制政策的优势作用：既要发挥以市场手段为主的环境规制政策（如排污税、排污许可等）的作用，也要结合适当的强制手段（如统一的排放标准等），同时还应该结合信息披露等沟通手段，体现环境规制政策的稳定性、针对性、灵活性，以便更好地实现规制目标。政府应适时、适度地调整环境规制政策。由于企业采纳绿色技术并进行扩散，会导致整体的排污水平产生变化，所以政府有必要及时地调整环境规制政策，但是必须预计政策调整对企业策略的影响，否则会抑制企业的绿色技术创新与扩散。另外，消费者应树立起绿色消费理念，从自身做起，杜绝非环保产品，不断推动社会绿色创新技术的发展。企业作为绿色技术创新的生产方，应将环境保护作为己任，努力研发环保类产品，减少环境污染及能源消耗。为了推进企业绿色技术创新行为，增强其环保意识，环境规制者应注重多手段结合并用，以便更好地促进绿色技术创新的效果，降低低效率的成本消耗。

当前全球经济进入深度调整期，各主要经济体纷纷开展再工业化，以新一代信息技术与制造业的深度融合为契机，抢占未来经济发展的制高点。我国于2015年5月也颁布了《中国制造2025》，以此作为实施"制造强国"战略第一个十年的行动纲领，明确了制造业发展的十大重点领域，即新一代信息技术产业、高档数控机床和机器人、航空航天装备、海洋工程装备及高技术船舶、先进轨道交通装备、节能与新能源汽车、电力装备、农机装备、新材料、生物医药及高性能医疗器械。陕西省在新一代信息技术产业、数控机床、航空航天装备、新能源汽车、电力装备等多个领域都具有领先技术和大型企业，因此在其未来的发展方向上，应对照《中国制造2025》，明确定位、找准目标、改进不足、发挥优势，打造符合未来发展趋势的陕西省制造业体系。

第一，依托园区发展，着力提高陕西省制造业的市场份额。一方面围绕优势行业、优势企业，发展一批配套企业，延长产业链条，形成产业聚集发展；另一方面加快落后产能淘汰步伐，鼓励企业兼并重组，杜绝低质量的重复建设，对现有企业进行整合，提高技术水平，合理配置资源。

第二,充分发挥优势,推动传统支柱产业升级换代。一是强化资源优势,掌握新型能源和能源高效转化的前沿新技术,坚持资源高效清洁利用和深度转化方针,全力打造陕北高端能源化工基地;二是强化传统优势,积极掌握和突破一批关键技术,保持陕西省输变电设备制造、新能源汽车、大功率风力发电设备、大型锻压设备等高端装备技术的领先优势。

第三,积极开拓市场,形成新的工业经济增长点。一是以大项目为带动,引进一批技术先进、附加值高、有利于延长现有产业链的项目,抓好三星电子存储芯片项目、三星和华天等高端半导体项目、中兴和酷派手机制造项目等,形成集成电路生产、光伏产业、智能终端等领域的发展优势;二是扩大军用技术在民品中的应用,加快通信技术、航空航天产业的发展;三是探索生产性服务业与制造业相互促进发展的新途径,推动生产性服务业体系建设。

第七章
研究结论及需要进一步研究的问题

一、研究结论

首先,本书分析了陕西省制造业绿色技术创新的现状及存在的问题。政府环境规制的变化是一个动态调整的过程,与此同时,制造业企业绿色技术创新能力的提升也是一个动态发展变化的过程。随着经济发展水平的不断提高与环境污染的日趋恶化,对制造业绿色技术创新能力的要求越来越高。其次,本书运用秩依期望效用理论,构建政府环境规制与企业绿色技术创新的博弈模型,分析政府环境规制与企业绿色技术创新能力的发展演变过程。最后,本书以陕西省制造业为例,用因子分析方法对环境规制强度进行测量,分别进行政府环境规制强度对基于科研产出的绿色技术创新能力和基于成果转化的绿色技术创新能力的实证分析与检验。通过分析得到如下几个方面的结论:

第一,陕西省制造业绿色技术创新多为政府主导,环境保护的积极性有待提高,并且创新优惠政策贯彻落实不到位。企业对绿色技术创新的重视程度不足且激励措施有限,企业家绿色技术创新发展战略意识薄弱。此外,企业为主体、产学研协同创新机制没有建立,创新的投入产出不匹配,创新产出的质量和效率有待提高。政府决策者和企业决策者对绿色技术创新的不确定性表现不一,即二者"情绪"不同。

第二，政府环境规制和企业绿色技术创新发展演化方面。企业决策者认为当随机收益不断增大时，预期随机收益之间的差异越来越小，即企业决策者对未来持悲观的态度，此时企业间的绿色技术创新水平无差异，社会发展仍以经济发展为重，在假定企业决策者持悲观态度的情况下，政府不进行环境规制监督，这是经济发展的初始阶段。企业决策者认为当随机收益不断增大时，预期随机收益之间的差异越来越大，即企业决策者对未来持乐观的态度，绿色技术创新将有更多的突破，企业间的技术水平将会出现差异化，在假定企业决策者持乐观态度的情况下，政府将进行环境规制监督；在企业决策者持乐观态度的情况下，政府决策者认为当随机收益不断增大时，预期随机收益之间的差异越来越大，即政府决策者对未来持乐观的态度，如公众舆论的压力，政府的政治成本增大时，政府进行环境规制监督将获得更多潜在的收益远远大于成本时，在假定政府决策者持乐观态度的情况下，企业将进行绿色技术创新，此时政府也在完善规制工具并制定相应法规，这是经济发展的加速期。政府决策者认为当随机收益不断增大时，预期随机收益之间的差异越来越小，即政府决策者对未来持"悲观"的态度，在假定政府决策者持悲观态度的情况下，企业间绿色技术创新水平的差异化将缩小，此处的企业间绿色技术创新水平的差异化将缩小是相对于第一、第二阶段而言，这是经济发展的成熟期。

第三，政府环境规制强度对基于科研产出的绿色技术创新能力和基于成果转化的绿色技术创新能力的影响方面。环境规制对陕西省制造业绿色技术创新能力的影响具有不确定性。从历史发展演变的角度而言，当环境规制强度较弱时，环境规制强度的提升将促进陕西省制造业绿色技术创新能力；但当环境规制强度不断增强且超越临界值时，环境规制强度的提升将抑制陕西省制造业绿色技术创新能力。从绿色技术创新能力的角度而言，环境规制强度的提升促进了陕西省制造业基于科研产出的绿色技术创新能力，而且环境规制强度对陕西省制造业基于科研产出的绿色技术创新能力的短期影响更为显著；但是环境规制强度的提升却使陕西省制造业基于成果转化的绿色技术创新能力降低，而且环境规制强度对陕西省制造业基于成果转化的绿色技术创新能力的长期影响更为显著。

第四，基于上述结论及陕西省的具体情况，本书认为，政府应遵循创新发展规律并强化企业在创新中的主体地位，采取灵活多样的环境规制形式并提高环境规制的相对力度,加大知识产权保护力度。建立完善的产学研协同创新机制合作,加快科技成果创新创造和产业化水平。建立健全多元化企业创新投入体系,提高研发投入强度。进一步完善企业创新政策,狠抓政策的宣传和落实。

二、不足之处

本书在探讨环境规制对陕西省制造业绿色技术创新能力影响的过程中,由于课题组水平有限,主要存在以下方面的问题:

一方面,本书关于政府环境规制与企业绿色技术创新博弈的研究是基于完全信息下的两者战略决策,具有一定的局限性。

另一方面,本书用环境规制强度作为环境规制的显示变量,用因子分析的方法对环境规制强度进行测量,得到的陕西省环境规制强度随时间的变化图形具有一定的主观性,而且相关变量的统计资料和统计数据不完整,导致环境规制对陕西省制造业绿色技术创新能力影响的研究深度不足。

三、研究展望

本书需要进一步研究之处有如下两点:

第一,在不完全信息博弈中,政府环境规制决策者与企业决策者是如何进行战略选择的,以及情绪指数在这个序贯博弈过程中是如何体现的。

第二,以全国制造业为例,分析环境规制对绿色技术创新能力的影响研究,深刻揭示东部、中部、西部环境规制对绿色技术创新能力的影响。

附　录

附录1　陕西省制造业绿色技术创新能力调查问卷

尊敬的先生/女士：

　　本调查问卷旨在调研贵公司在绿色技术创新能力方面的状况，以便分析陕西省制造业绿色技术创新能力的现状及存在的问题，仅供学术研究，未经您的授权，我们不会将所获取的数据挪作他用。本问卷采取无记名方式，请您根据贵公司实际情况如实作答。您的回答将是本研究成功与否的关键，真诚感谢您的支持和帮助！

术语解释

　　本书认为：绿色技术创新能力是通过在生产、消费、产品回收等领域中的产品创新、工艺创新与组织创新，使产品的生命周期总成本、产品在整个生命周期中消耗的资源、对生态环境的危害和对人体危害等方面的综合最优化的技术创新活动的总称。

第一部分：基本信息（请根据实际情况选择相应的选项或填空）

1. 您的性别：(   )。
   (1) 男　　　　　(2) 女
2. 企业名称：(   )。
3. 企业类型：(   )。
   (1) 国有企业　　(2) 私营企业　　(3) 民营企业
   (4) 集体企业　　(5) 合资企业　　(6) 独资企业
   (7) 其他
4. 您所在部门：(   )。
   (1) 生产部门　　(2) 技术部门　　(3) 质检部门
   (4) 采购部门　　(5) 人事部门　　(6) 财务部门
   (7) 销售部门　　(8) 其他

第二部分：企业绿色技术创新能力信息（请根据实际情况选择相应的选项）

1. 您认为贵公司的绿色技术创新方面的外源及合作程度如何？(   )
   (1) 很差　　　　(2) 较差　　　　(3) 一般
   (4) 较好　　　　(5) 很好
2. 您认为贵公司的人员对绿色技术创新能力的重视程度如何？(   )
   (1) 很差　　　　(2) 较差　　　　(3) 一般
   (4) 较好　　　　(5) 很好
3. 您认为贵公司员工节能减排、环保意识强弱度如何？(   )
   (1) 很差　　　　(2) 较差　　　　(3) 一般
   (4) 较好　　　　(5) 很好
4. 您认为贵公司所在地区政府对企业绿色技术创新的支持程度如何？
(   )

(1) 很差　　　　　(2) 较差　　　　　(3) 一般

(4) 较好　　　　　(5) 很好

5. 您认为公众或客户对贵公司绿色产出的认可程度如何？（　　）

(1) 很差　　　　　(2) 较差　　　　　(3) 一般

(4) 较好　　　　　(5) 很好

6. 绿色技术创新能力的内涵是什么？（可多选）（　　）

(1) 创造和引进新技术的能力

(2) 新技术引起组织和管理创新的能力

(3) 采用新生产过程的能力

(4) 创造新市场的能力

(5) 技术融合创新的能力

(6) 科技成果实现商业化的能力

7. 绿色技术创新能力对本企业来说（　　）。

(1) 是本企业务发展的根本要求

(2) 是提高本企业未来竞争力的必经之路

(3) 可有可无

(4) 是必要的，但本企业暂无能力

8. 绿色技术创新过程中最可能存在什么风险？（可多选）（　　）

(1) 资金投入大　　　　　　　　(2) 回报周期长

(3) 关键技术无法引进　　　　　(4) 技术骨干离职

(5) 创新速度落后与产业更新换代　　(6) 其他

9. 您认为本企业管理者对待绿色技术创新的态度和实际行动是（　　）。

(1) 大力鼓励创新，并制定强有力的支持措施

(2) 支持创新，但制度保障力度一般

(3) 支持创新，但没有建立鼓励创新的制度

(4) 不主张创新，也没有建立激励制度

10. 企业管理者激励员工进行绿色技术创新的措施有（请至多选 3 项）（　　）。

(1) 期权或股权　　　　　　　　(2) 增加工资或奖金

(3) 给予汽车或住房物质奖励　　　(4) 岗位调整或升职机会

(5) 提供培训或深造机会

11. 您认为本企业管理者应对绿色技术创新过程中的风险的态度是（　　）。

(1) 创新一定会有风险

(2) 采用替代方式降低风险

(3) 改换其他途径避免风险

(4) 采用切实有效的手段规避创新风险（如实时了解市场信息、技术信息、政策风险、竞争力评估）

(5) 停止创新避免风险　　　(6) 不确定

12. 本企业绿色技术创新主要受哪些因素影响？（请至多选3项）（　　）

(1) 社会政治经济的变革　　　(2) 科技进步

(3) 产业发展需求　　　(4) 市场竞争压力

(5) 用户需求　　　(6) 政府引导

(7) 企业家精神　　　(8) 企业文化与愿景

(9) 企业战略性导向　　　(10) 企业员工素质的提升

(11) 企业内部创新机制　　　(12) 企业研发经费

(13) 研发团队创新能力

13. 本企业曾采用过的绿色技术创新的模式有（请至多选3项）（　　）。

(1) 产品创新　　　(2) 工艺创新　　　(3) 模仿创新

(4) 独立创新　　　(5) 合作创新　　　(6) 关键技术原始创新

(7) 应用创新

14. 目前本企业绿色技术创新能力在（　　）方面亟待提升与改进（请至多选5项）。

(1) 企业家精神　　　(2) 企业创新文化与愿景

(3) 领军人才引进与培养　　　(4) 自主研发能力

(5) 企业内部创新机制　　　(6) 产业发展与科技进步

(7) 产业政策的促进　　　(8) 企业创新战略导向

(9) 研发人员素质与数量　　　(10) R&D 资金投入

(11) 引进先进技术　　　(12) 技术中介与技术市场

（13）加强产学研合作　　　　　（14）科研团队建设

（15）获取科技情报和知识、信息管理

（16）制定激励绿色技术创新的政策

再次感谢您的填写！

附录2 《排污许可证管理暂行规定》陕西省实施细则

第一章 总则

第一条 为规范本省排污许可证管理，根据《中华人民共和国环境保护法》《中华人民共和国水污染防治法》《中华人民共和国大气污染防治法》《中华人民共和国行政许可法》《陕西省大气污染防治条例》等法律规定，以及《国务院办公厅关于印发控制污染物排放许可制实施方案的通知》（国办发〔2016〕81号）和环保部《关于印发〈排污许可证管理暂行规定〉的通知》（环水体〔2016〕186号），制定本细则。

第二条 本省行政区域内排污许可证的申请、核发、实施、监管等行为，适用本细则。

第三条 本细则所称排污许可，是指环境保护主管部门依据排污单位的申请和承诺，通过发放排污许可证法律文书形式，依法依规规范和限制排污单位排污行为并明确环境管理要求，依据排污许可证对排污单位实施监管执法的环境管理制度。排污许可证是排污单位获得排污许可的唯一凭证。

本细则所称排污单位特指纳入排污许可分类管理名录的企业事业单位和其他生产经营者。

第四条 下列排污单位应当实行排污许可管理：

（一）排放工业废气或者排放国家规定的有毒有害大气污染物的企业事业单位。

（二）集中供热设施的燃煤热源生产运营单位。

（三）直接或间接向水体排放工业废水和医疗污水的企业事业单位。

（四）城镇或工业污水集中处理设施的运营单位。

（五）依法应当实行排污许可管理的其他排污单位。

按照环境保护部制订并公布的排污许可分类管理名录，按行业分批分步骤推进排污许可证管理。排污单位应当在名录规定的时限内持证排污，禁止无证排污或不按证排污。

第五条　根据排污许可分类管理名录，对不同行业或同一行业的不同类型排污单位实行排污许可差异化管理。对污染物产生量和排放量较小、环境危害程度较低的排污单位实行排污许可简化管理，简化管理的内容包括申请材料、信息公开、自行监测、台账记录、排污许可证执行报告的具体要求。

第六条　对排污单位排放水污染物、大气污染物的各类排污行为实行综合许可管理。排污单位申请并领取一个排污许可证。同一法人单位或其他组织有一个生产经营现场或活动现场的，申请并领取一个排污许可证；有多个生产经营现场或活动现场的，应当分别申请和领取排污许可证。不同法人单位或其他组织所有的排污单位，应当分别申请和领取排污许可证。

第七条　县级以上人民政府以排污许可证形式将污染物总量控制指标分解落实到本行政区域内排污单位。本行政区域内所有排污单位许可的污染物排放量总和不得超过本区域污染物总量控制指标。

第八条　省级环境保护主管部门负责本省排污许可制度的统一监督管理和组织实施，按照国家相关政策、标准、规范，制定本省配套政策，指导各地实施排污许可制度。

省级环境保护主管部门负责核发总装机容量30万千瓦及以上发电企业的排污许可证。县级环境保护主管部门负责实施简化管理的排污许可证核发工作，其余的排污许可证原则上由市级环境保护主管部门负责核发。

按照国家有关规定，县级环境保护主管部门被调整为市级环境保护主管部门派出分局的，由市级环境保护主管部门组织所属派出分局实施排污许可证核发管理。

省管县（市）按照市级排污许可证核发权限执行。

第九条 排污许可证申请、受理、审核、发放、变更、延续、注销、撤销、遗失补办应当在国家排污许可证管理信息平台上进行。排污许可证编码通过国家排污许可证管理信息平台获取。排污许可证的执行、监管执法、社会监督等信息应当在国家排污许可证管理信息平台上记录。

第二章 排污许可证内容

第十条 排污许可证由正本和副本构成，正本载明基本信息，副本载明基本信息、许可事项、环境管理要求、持证须知等信息。

第十一条 下列基本信息应当在排污许可证正本和副本中载明：

（一）证书编号、单位名称、注册地址、法定代表人或者实际负责人、生产经营场所地址、行业类别、组织机构代码、统一社会信用代码。

（二）排污许可证有效期限、发证机关、发证日期、证书编号和二维码等信息。

除上述基本信息，副本中还应载明技术负责人、固定电话、移动电话。技术负责人变更时，应及时上报核发机关。

第十二条 下列许可事项和环境管理要求应当在排污许可证副本中载明：

（一）许可事项

1. 排污单位基本情况

（1）排污单位基本信息；

（2）生产装置、主要产品及产能、主要原辅材料及燃料、生产工艺流程图、生产厂区总平面布置图；

（3）产排污环节、污染物及污染治理设施信息；

（4）排污权有偿使用和交易信息。

2. 大气污染物排放口基本情况

包括排污口位置和数量、排放方式、排放去向等；

有组织排放许可限值，包括各排放口污染物种类、许可排放浓度限值、许可年排放量限值，以及全厂有组织排放总计；

特殊情况下（环境质量限期达标规划、重污染天气应对等对排污单位有更加严格的排放控制要求的情况下）许可限值，包括各主要排放口、一般排放口和无组织排放的污染物种类、许可排放时段、许可排放浓度限值、许可日排放量限值和许可月排放量限值等。

（1）无组织排放许可条件，包括各产污环节主要污染物种类及其防治措施、国家或地方污染物排放标准、年许可排放量限值，以及特殊时段许可排放量限值等；

（2）排污单位大气污染物许可排放总量；

（3）法律法规规定的其他事项。

3. 水污染物排放

（1）排放口基本情况，包括直接和间接废水排放口地理坐标、废水排放去向、排放规律、间歇排放时段、收纳自然水体信息和汇入收纳自然水体相关信息等；

（2）排放许可限值，包括各排放口污染物种类、许可排放浓度限值、许可年排放量限值，以及全厂排放口许可年排放量限值；

（3）特殊情况下（环境质量限期达标规划等情况下）许可限值，包括各排口的许可排放时段、许可排放浓度限值和日许可排放量限值等；

（4）法律法规规定的其他事项。

4. 其他许可事项

对实行排污许可简化管理的排污单位可作适当简化，许可事项可只包括排污口位置和数量、排放方式、排放去向、排放污染物种类、许可排放浓度等。

排污单位承诺执行更加严格的排放浓度和排放量并为此享受国家或地方优惠政策的，应当将更加严格的排放浓度和排放量在副本中载明。

县级以上人民政府制定的环境质量限期达标规划、重污染天气应对措施中，对排污单位污染物排放有特别要求的，核发机关应当在排污许可证副本中载明。

（二）环境管理要求

1. 污染防治设施运行、维护，无组织排放控制等环境保护措施要求。

2. 自行监测方案、台账记录、排污许可证执行报告等要求。

3. 排污单位自行监测、排污许可证执行报告等信息公开要求。

4. 法律法规规定的其他事项。

对实行排污许可简化管理的可作适当简化。

各级环境保护主管部门可根据管理需求在排污许可证副本载明其他信息。

第三章 申请 核发 变更 撤销 注销

第十三条 省级环境保护主管部门根据环境保护部确定的期限要求等，确定本省排污许可证申请时限、核发机关、申请程序等相关事项，并向社会公告。

市级环境保护主管部门根据本省统一时限要求，确定本行政区域内具体的排污许可证申领时限、核发机关、申请程序等事项，向社会公告并报省级环境保护主管部门备案。

第十四条 现有排污单位应当在规定的期限内向具有排污许可证核发权限的核发机关申请领取排污许可证。

新建项目的排污单位应当在投入生产或使用并产生实际排污行为之前申请领取排污许可证。

现有停产企业在恢复生产前须按规定取得排污许可证。

第十五条 排污单位依法按照环境保护部制定的排污许可证申请与核发技术规范提交排污许可申请，申报排放污染物种类、排放浓度等，测算并申报污染物排放量。

第十六条 排污单位申请排污许可证前，应当将主要申请内容，包括排污单位基本信息、拟申请的许可事项、产排污环节、污染防治设施，通过国家排污许可证管理信息平台或者其他规定途径等便于公众知晓的方式向社会公开。公开时间不得少于5日。对实行排污许可简化管理的排污单位，可不进行申请前信息公开。

第十七条 排污单位应当在国家排污许可证管理信息平台上填报并提交排污许可证申请，同时向有核发权限的环境保护主管部门提交通过平台印制的书面申请材料。排污单位对申请材料的真实性、合法性、完整性负法律责任。申请材料应当包括：

（一）排污许可证申请表，主要内容包括：排污单位基本信息，主要生产装置，废气、废水等产排污环节和污染防治设施，申请的排污口位置和数量、排放方式、排放去向、排放污染物种类、排放浓度和排放量、执行的排放标准。排污许可证申请表格式见附件（本书未附此附件）。

（二）有排污单位法定代表人或者实际负责人签字或盖章的承诺书。主要承诺内容包括：对申请材料真实性、合法性、完整性负法律责任；按排污许可证的要求控制污染物排放；按照相关标准规范开展自行监测、台账记录；按时提交执行报告并及时公开相关信息等。

（三）排污单位按照有关要求进行排污口和监测孔规范化设置的情况说明。

（四）建设项目环境影响评价批复文号，或按照《国务院办公厅关于加强环境监管执法的通知》（国办发〔2014〕56号）要求，经地方政府依法处理、整顿规范并符合要求的相关证明材料。

（五）城镇污水集中处理设施还应提供纳污范围、纳污企业名单、管网布置、最终排放去向等材料。

（六）排污单位通过主要污染物排污权有偿使用和交易，或者通过污染物排放等量或减量替代削减获得总量指标的，应提供相关材料。

（七）法律法规规定的其他材料。

对实行排污许可简化管理的排污单位，上述材料可适当简化。

第十八条　核发机关收到排污单位提交的申请材料后，对材料的完整性、规范性进行审查，按照下列情形分别作出处理：

（一）依本细则不需要取得排污许可证的，应当即时告知排污单位不需要办理。

（二）不属于本行政机关职权范围的，应即时作出不予受理的决定，并告知排污单位有核发权限的机关。

（三）申请材料不齐全的，应当场或在五日内出具一次性告知单，告知排污单位需要补充的全部材料。逾期不告知的，自收到申请材料之日起即为受理。

（四）申请材料不符合规定的，应当场或在五日内出具一次性告知单，告知排污单位需要改正的全部内容。可以当场改正的，应当允许排污单位当场改正。逾期不告知的，自收到申请材料之日起即为受理。

（五）属于本行政机关职权范围，申请材料齐全、符合规定，或者排污单位按要求提交全部补正申请材料的，应当受理。

核发机关应当在国家排污许可证管理信息平台上作出受理或者不予受理排污许可申请的决定，同时向排污单位出具加盖本行政机关专用印章和注明日期的受理单或不予受理告知单。

第十九条 核发机关根据排污单位申请材料和承诺，对满足下列条件的排污单位核发排污许可证，对申请材料中存在疑问的，可开展现场核查。

（一）不属于国家或地方政府明确规定予以淘汰或取缔的。

（二）不位于饮用水水源保护区等法律法规明确规定禁止建设区域内。

（三）有符合国家或地方要求的污染防治设施或污染物处理能力。

（四）申请的排放浓度符合国家或地方规定的相关标准和要求，排放量符合排污许可证申请与核发技术规范的要求。

（五）申请表中填写的自行监测方案、排污许可证执行报告上报频次、信息公开方案符合相关技术规范要求。

（六）对新改扩建项目的排污单位，还应满足环境影响评价文件及其批复的相关要求，如果是通过污染物排放等量或减量替代削减获得总量指标的，还应审核被替代削减的排污单位排污许可证变更情况。

（七）排污口设置符合国家或地方的要求。

（八）法律法规规定的其他要求。

核发机关根据审核结果，自受理申请之日起二十日内作出是否准予许可的决定。二十日内不能作出决定的，经本行政机关负责人批准，可以延长十日，并将延长期限和理由书面告知排污单位。依法需要听证、检验、检测和专家评审的，所需时间不计算在本细则的期限内，行政机关应当将所需时间书面告知申请人。

核发机关作出准予许可决定的，须向国家排污许可证管理信息平台提交审核结果材料并申请获取全国统一的排污许可证编码。

核发机关应自作出许可决定起十日内，向排污单位发放加盖本行政机关印章的排污许可证，并在国家排污许可证管理信息平台上进行公告；作出不予许可决定的，核发机关应当出具不予许可书面决定书，书面告知排污单位不予许可的理由以及享有依法申请行政复议或提请行政诉讼的权利，并在国家排污许可证管理信息平台上进行公告。

第二十条 核发机关根据污染物排放标准、环境影响评价文件及批复要求、主要污染物排污权有偿使用和交易、总量控制指标、行业排污许可证申请与核发技术规范、污染物排放等量或减量替代削减等相关要求,依法合理确定排放污染物种类、浓度及排放量。

第二十一条 在排污许可证有效期内,下列事项发生变化的,排污单位应当在规定时间内向原核发机关提出变更排污许可证的申请。

(一)排污单位名称、注册地址、法定代表人或者实际负责人等正本中载明的基本信息发生变更之日起二十日内。

(二)排污口位置和数量、排放方式、排放去向等,排放污染物种类、许可排放浓度、许可排放量,以及法律法规规定的其他许可事项发生变更之日前二十日内。

(三)排污单位在原场址内实施新改扩建项目应当开展环境影响评价的,在通过环境影响评价审批或者备案后,产生实际排污行为之前二十日内。

(四)国家或地方实施新污染物排放标准的,核发机关应主动通知排污单位进行变更,排污单位在接到通知后二十日内申请变更。

(五)政府相关文件或与其他企业达成协议,进行区域替代实现减量排放的,应在文件或协议规定时限内提出变更申请。

(六)需要进行变更的其他情形。

第二十二条 申请变更排污许可证的,应当提交下列申请材料:

(一)排污许可证申请表。

(二)排污许可证正本、副本复印件。

(三)与变更排污许可事项有关的其他材料。

排污单位应当书面承诺对变更申请材料的真实性、合法性、完整性负法律责任以及严格执行变更后排污许可证的规定。

第二十三条 核发机关应当对变更申请材料进行审查。同意变更的,在副本中载明变更内容并加盖本行政机关印章,发证日期和有效期与原证书一致。

排污单位名称、注册地址、法定代表人或者实际负责人等正本中载明的基本信息发生变更的,核发机关应当自受理变更申请之日起十日内作出变更决定,并换发排污许可证正本。发生其他变更的,核发机关应当自受理变更申请之日起二十日内作出变更许可决定。

第二十四条　排污许可证有效期届满后需要继续排放污染物的，排污单位应当在有效期届满前三十日向原核发机关提出延续申请。

第二十五条　申请延续排污许可证的，应当提交下列材料：

（一）排污许可证申请表。

（二）排污许可证正本、副本复印件。

（三）与延续排污许可事项有关的其他材料。

第二十六条　核发机关应当对延续申请材料进行审查。同意延续的，应当自受理延续申请之日起二十日内作出延续许可决定，向排污单位发放加盖本行政机关印章的排污许可证，并在国家排污许可证管理信息平台上进行公告，同时收回原排污许可证正本、副本。

第二十七条　有下列情形之一的，排污许可证核发机关或其上级机关，可以撤销排污许可决定并及时在国家排污许可证管理信息平台上进行公告。

（一）超越法定职权核发排污许可证的。

（二）违反法定程序核发排污许可证的。

（三）核发机关工作人员滥用职权、玩忽职守核发排污许可证的。

（四）对不具备申请资格或者不符合法定条件的申请人准予行政许可的。

（五）排污单位以欺骗、贿赂等不正当手段取得排污许可证的。

（六）依法可以撤销排污许可决定的其他情形。

第二十八条　有下列情形之一的，核发机关应当依法办理排污许可证的注销手续并及时在国家排污许可证管理信息平台上进行公告。

（一）排污许可证有效期届满，未延续的。

（二）排污单位被依法终止不再排放污染物的。

（三）法律规定应当注销的其他情形。

第二十九条　排污许可证发生遗失、损毁的，排污单位应当在三十日内向原核发机关申请补领排污许可证，遗失排污许可证的还应同时提交遗失声明，损毁排污许可证的还应同时交回被损毁的许可证。核发机关应当在收到补领申请后十日内补发排污许可证，并及时在国家排污许可证管理信息平台上进行公告。

第三十条　排污许可证自发证之日起生效。按本细则首次发放的排污许可证有效期为三年，延续换发的排污许可证有效期为五年。排污许可证有效期限起始时间以许可证核发时间起算,年许可排放量的有效周期以滚动12个月计。

第三十一条 禁止涂改、伪造排污许可证。禁止以出租、出借、买卖或其他方式转让排污许可证。排污单位应当在生产经营场所内方便公众监督的位置悬挂排污许可证正本。

第三十二条 环境保护主管部门实施排污许可不得收取费用。

第四章 实施与监管

第三十三条 排污单位应当严格执行排污许可证的规定,遵守下列要求:

(一)排污口位置和数量、排放方式、排放去向、排放污染物种类、排放浓度和排放量、执行的排放标准等符合排污许可证的规定,不得私设暗管或以其他方式逃避监管。

(二)落实重污染天气应急管控措施、遵守法律规定的最新环境保护要求等。

(三)按排污许可证规定的监测点位、监测因子、监测频次和相关监测技术规范开展自行监测并公开。

(四)按规范进行台账记录,主要内容包括生产信息、燃料、原辅材料使用情况、污染防治设施运行记录、监测数据等。

(五)按排污许可证规定,定期在国家排污许可证管理信息平台填报信息,编制排污许可证执行报告,及时报送有核发权的环境保护主管部门并公开,排污许可证执行报告主要内容包括生产信息、污染防治设施运行情况、污染物按证排放情况等。

(六)法律法规规定的其他义务。

第三十四条 环境保护主管部门应依据排污许可证对排污单位排放污染物行为进行监管执法,检查许可事项的落实情况,审核排污单位台账记录和排污许可证执行报告,检查污染防治设施运行、自行监测、信息公开等排污许可证管理要求的执行情况。

对投诉举报多、有严重违法违规记录等情况的排污单位,要提高抽查比例;对实行排污许可简化管理的排污单位以及环保诚信度高、无违法违规记录的排污单位,可减少检查频次。

在国家排污许可证管理信息平台上公布监督检查情况,对检查中发现违反排污许可证行为的，应记入企业信用信息公示系统和陕西省企业环境信用评价系统，作为企业信用评价的依据。

环境保护主管部门可通过政府购买服务的方式，委托第三方机构对排污单位的台账记录和排污许可证执行报告进行审核，提出审核意见，作为环境保护主管部门监督检查的依据。

环境保护主管部门应加强对第三方机构的管理。

第三十五条　上级环境保护主管部门可采取随机抽查的方式对具有核发权限的下级环境保护管理部门的排污许可证核发情况进行监督检查和指导。

对违规发放的排污许可证，上级环境保护主管部门可根据本细则撤销许可，并责令改正；情节特别严重的，由上级环境保护主管部门撤销违规发放的排污许可证并责令整改，对直接负责核发的主管人员和其他直接责任人员依法给予行政处分。

第三十六条　鼓励社会公众、新闻媒体等对排污单位的排污行为进行监督。排污单位应及时公开信息，畅通与公众沟通的渠道，自觉接受公众监督。公民、法人和其他组织发现违反本细则行为的，有权向环境保护主管部门举报。接受举报的环境保护主管部门应当依法调查处理，并按有关规定对调查结果予以反馈，同时为举报人保密。

第三十七条　除涉及国家机密或商业秘密之外，排污单位应当按自行监测、排污许可证执行报告等信息公开要求规定，及时在国家排污许可证管理信息平台上公开相关信息；环境保护主管部门应当在国家排污许可证管理信息平台公开排污许可监督管理和执法信息。

第五章　附则

第三十八条　本细则实施前核发的仍在有效期内的排污许可证，持证排污单位应按照《国务院办公厅关于印发控制污染物排放许可制实施方案的通知》（国办发〔2016〕81号）和本细则规定，向具有核发权限的机关申领新的全国统一的排污许可证。

第三十九条　本细则自颁布之日起施行。《陕西省排污许可证管理暂行办法》（陕环发〔2015〕20号）同时废止。该细则在国家排污许可证条例正式出台后将根据我省实际情况予以修订或废止。

第四十条 本细则由陕西省环境保护厅解释。

陕西省环境保护厅

2017年4月

附录3 陕西省固体废物污染环境防治条例

第一章 总则

第一条 为了防治固体废物污染环境,保障公众健康,维护生态安全,促进经济社会可持续发展,根据《中华人民共和国环境保护法》、《中华人民共和国固体废物污染环境防治法》及有关法律、行政法规,结合本省实际,制定本条例。

第二条 本条例适用于本省行政区域内固体废物污染环境的防治及其监督管理活动。

本条例所称固体废物是指在生产、生活和其他活动中产生的丧失原有利用价值或者虽未丧失利用价值但被抛弃或者放弃的固态、半固态和置于容器中的气态的物品、物质以及法律、行政法规规定纳入固体废物管理的物品、物质。

放射性废物污染防治,依照放射性污染防治法律、法规的规定执行。

第三条 固体废物污染环境的防治实行减少固体废物的产生量和危害性、充分合理利用固体废物和无害化处置固体废物的原则,促进清洁生产和循环经济发展。

企业事业单位和其他生产经营者对其产生的固体废物承担防治责任,对造成的环境损害承担法律责任。

公民应当增强环境保护意识,采取低碳、节俭的生活方式,尽量减少生活垃圾产生,自觉履行环境保护义务。

第四条 县级以上人民政府应当将固体废物污染环境防治工作纳入本级国民经济和社会发展规划，统筹规划固体废物收集、贮存、运输、利用、处置基础设施建设，加强执法能力建设，实施宣传引导，完善监督管理体系，所需经费列入财政预算。

乡（镇）人民政府、街道办事处应当配合做好本辖区内固体废物污染环境防治相关工作。

第五条 县级以上人民政府环境保护行政主管部门对本行政区域内固体废物污染环境防治工作实施统一监督管理。

县级以上人民政府有关行政主管部门按照各自职责分工，负责固体废物污染环境防治的相关监督管理工作。

第六条 各级人民政府应当建立和完善环境保护目标责任制，将固体废物污染环境防治工作纳入政府和部门年度目标责任考核，作为考核主要负责人政绩的重要内容。

第七条 县级以上人民政府应当采取财政、税收、价格、政府采购等经济技术政策和措施，调整产业结构，鼓励先进工艺技术的研究开发和推广应用，减少固体废物产生量，提高固体废物回收率和综合利用率。

鼓励社会公众和社会组织参与固体废物污染环境防治的公益性活动，鼓励单位和个人购买、使用再生产品和可重复利用产品。

鼓励社会各类投资主体参与固体废物处理处置项目建设运营，促进固体废物污染环境防治产业发展。

第八条 直接从事危险废物、生活垃圾收集、清运、处置的人员，由用人单位对其进行岗位职业培训，配备必要的劳动保护条件，定期组织职业健康体检，保障从业人员健康和安全。

第九条 产生、收集、贮存、运输、利用、处置危险废物的单位和个人可以参加环境污染责任保险，提高对环境污染事故损失的赔付能力。

第二章 固体废物污染环境防治的一般规定

第十条 省环境保护、发展和改革、财政、工业和信息化、住房和城乡建设、国土资源、卫生和计划生育、商务、农业、民政等有关行政主管部门，按照国家有关规定分别编制全省固体废物污染环境防治专项规划，与同期国民经济和社会发展规划相衔接，报省人民政府批准后组织实施。

规划内容应当包括现状分析、产量预测、指导原则、目标任务、重大处置设施的布局和建设时序、保障措施等。

专项规划编制机关应当向社会公示规划草案，并采取论证会、听证会或者其他方式征求专家和公众的意见，公示时间不得少于三十日。

经批准的专项规划，应当在同级人民政府网站和当地主要新闻媒体公布。确需修改专项规划的，按原审批程序办理。

第十一条　设区的市、县（市、区）人民政府根据全省固体废物污染环境防治各专项规划的要求，制定实施方案，确定和调整各类固体废物基础设施建设年度建设用地需求和资金安排，明确选址和建设时间，并与土地供应年度计划相衔接。

分类处置设施建设项目应当进行环境影响评价，优先安排建设用地。

第十二条　产生、收集、贮存、运输、利用、处置固体废物的单位，应当采取符合技术规范、合格有效的防扬散、防流失、防渗漏或者其他防止污染环境的措施。

任何单位和个人不得随意倾倒、堆放、丢弃、遗撒固体废物。

第十三条　产生工业固体废物或者危险废物的单位应当将产生废物的种类、产生量、流向、贮存、利用、处置等情况，按照有关规定每年向县级环境保护行政主管部门申报登记。

申报登记事项发生重大改变的，应当在发生改变之日起十个工作日内申报变更登记事项。

第十四条　危险废物利用处置单位和生活垃圾焚烧处置单位，应当定期对其产生的特征污染物进行监测；以填埋方式处置的，应当对填埋场地及周边的地下水进行监测。

前款规定的利用处置单位可以自行或者委托有资质的监测机构按照技术规范要求实施监测，保证监测结果的真实性。监测数据出现异常的，利用处置单位应当在二十四小时内报告所在地县级环境保护行政主管部门，并提供相应的处理方案。

第三章　工业固体废物污染环境的防治

第十五条　产生工业固体废物的企业事业单位和其他生产经营者，应当使用符合法律法规规定的清洁生产要求的生产工艺和技术，减少固体废物产生量，降低或者消除固体废物对环境的危害。

第十六条　产生工业固体废物的建设项目，应当按照环境影响评价文件和项目设计要求配备建设相应的固体废物贮存设施。

企业自行利用或者处置固体废物的，其利用或者处置设施和技术工艺应当符合环境保护要求。

第十七条　企业事业单位和生产经营者交由第三方利用或者处置固体废物的，第三方应当具备相应的固体废物利用、处置资质或者能力。

企业事业单位和生产经营者应当对第三方利用或者处置固体废物的设施设备、技术工艺进行核实确认，不得将固体废物交由不具备固体废物利用、处置资质或者能力的单位处理。

第十八条　对不能确定物理特性、化学成分、危害特性的固体废物，由产生固体废物的单位委托有关技术鉴定机构进行鉴别，根据鉴别结果实施分类管理。

因原料、工艺改变导致固体废物属性发生变化的，企业应当及时予以鉴别。

第十九条　矿产资源开发企业应当采用科学的开采方法和选矿工艺，减少矿业固体废物的产生量和贮存量，鼓励尾矿、煤矸石、废石、废渣等综合开发利用。

尾矿、煤矸石、废石、废渣等矿业固体废物贮存设施停止使用后，矿山企业应当依法封场绿化或者复垦，防止水土流失和环境损害。

第二十条　下列转让土地使用权或者改变土地用途的场地，应当事先由原土地使用权人委托依法取得相关资质的评估机构进行场地环境风险调查评估，提出调查评估报告：

（一）化工、有色金属、医药、电镀等行业生产企业的场地；

（二）危险化学品的生产、储存、使用场地；

（三）堆放和填埋生活垃圾、危险废物等固体废物的场地；

（四）省环境保护行政主管部门确定的其他可能存在严重污染风险的场地。

调查评估报告应当由环境保护行政主管部门组织专家进行评审,评审结论作为编制场地修复方案的依据。对经调查评估存在环境风险的,原土地使用权人应当编制污染场地治理修复方案,报环境保护行政主管部门批准后实施。环境保护行政主管部门应当将调查评估结论以及修复情况向同级相关部门和利害关系人通报。

污染场地评估修复的具体办法,由省环境保护行政主管部门会同省工业和信息化、住房和城乡建设、国土资源、农业等部门制定。

第四章 农业固体废物污染环境的防治

第二十一条 县级以上人民政府及其有关部门应当鼓励秸秆还田和以秸秆为原料的沼气、燃料乙醇、发电、加工、饲料、食用菌等产业发展,对农业生产过程中产生的固体废物综合利用给予政策和财政支持。

第二十二条 鼓励使用易降解、低残留的农药、化肥、农膜、果袋等农业投入品。

各级人民政府应当采取措施,对农业生产过程中产生的农用残膜、废弃农药、化肥及农药包装物等低价值可回收物进行资源化利用或者无害化处置,减少对土壤的污染损害。

第二十三条 规模化畜禽养殖场、养殖小区、动物屠宰加工场所、动物和动物产品无害化处理场所,应当按照国家规定收集、贮存、利用或者处置养殖、屠宰和无害化处理过程中产生的畜禽粪便、废弃动物产品,达标排放污染物。

处置染疫动物和动物产品、病死或者死因不明的动物尸体,依照《中华人民共和国动物防疫法》有关规定执行。

第五章 城乡生活垃圾污染环境的防治

第二十四条 省住房和城乡建设行政主管部门应当会同发展和改革、环境保护等有关行政主管部门编制省城乡生活垃圾处理专项规划,报省人民政府批准后实施。

城乡生活垃圾利用、处置设施项目建设,按照地域统筹、设施共享的原则科学合理布局,纳入公共服务体系,增加财政资金投入,建立生态补偿机制,完善再生资源分类回收服务网络,推进减量化措施实施,提高生活垃圾的资源化利用率和无害化处置率,促进生活垃圾收集、利用、处置的专业化、市场化、产业化。

第二十五条 县级以上人民政府应当对城乡生活垃圾治理负总责。

县(市、区)环境卫生行政主管部门负责城市生活垃圾的清扫、分类收集、密闭运输、资源化利用、无害化处理的监督管理和指导工作。

乡(镇)人民政府、街道办事处指导村民委员会、村民小组建立农村村庄保洁制度,按照村收集、乡(镇)转运、县处理的模式,做好农村生活垃圾治理工作。

城乡结合部或者人口密集的农村生活垃圾,纳入城市生活垃圾分类收运处理系统。偏远地区或者人口分散的农村生活垃圾在充分回收、合理利用基础上,因地制宜就近处理;不能就近处理的,应当妥善贮存,定期外运处理。

第二十六条 城乡生活垃圾分为以下四类:

(一)可回收物,包括废弃的纸制品、塑料、玻璃、金属制品和纺织品等。

(二)有机易腐垃圾,包括落叶、餐饮垃圾、家庭厨余垃圾和废弃的蔬菜、瓜果等。

(三)有害垃圾,包括废弃的家用电器与电子产品、充电电池、药品、日用化学品等。

(四)其他垃圾,包括混凝土、渣土等家庭装修废弃物和其他建筑垃圾、不可降解的一次性用品等。

第二十七条 城乡生活垃圾实行分类投放、收集、运输和处置,按照产生者付费的原则缴纳垃圾处理费。

任何单位和个人都有垃圾分类投放和参与治理的义务,并按照规定的时间、地点、分类等要求,将城乡生活垃圾投放到指定的垃圾收集容器、收集点或者收集场所。

城乡生活垃圾分类的具体实施步骤、时间、收费标准和管理办法,由设区的市制定。

实行垃圾分类的设区的市,应当对生活垃圾收集容器,按照垃圾分类要求以颜色予以区分,并标明易识标记。

第二十八条　生活垃圾分类管理按照下列规定实行责任制：

（一）居民住宅小区实行物业管理的，由物业服务企业负责；单位自行管理的，由自管单位负责；没有物业管理或者不是单位自行管理的，由居民委员会负责；

（二）农村由村民委员会负责；

（三）机关、部队、企业事业单位、社会团体及其他组织的办公场所，由本单位负责；

（四）建设工程的施工现场，由施工单位负责；

（五）集贸市场、商场、展览展销、餐饮服务、商铺等经营场所，由经营管理单位负责；没有经营管理单位的，由经营者负责；

（六）道路、公路、铁路沿线及其附属设施、机场、车站、码头、公园、旅游景区、河流与湖泊水面等，由管理单位负责；

（七）不能确定生活垃圾分类管理责任的，由所在地乡（镇）人民政府、街道办事处落实责任单位。

第二十九条　城乡生活垃圾应当按照下列规定分类处置：

（一）可回收物交由再生资源回收企业处理；

（二）城市餐饮垃圾交由有经营许可证的单位收运处理，农村有机易腐垃圾采用生化处理等技术直接还田、堆肥或者生产沼气就地处置；

（三）有害垃圾按照危险废物管理，交由具有经营资质的专业单位处置；

（四）家庭装修废弃物等建筑垃圾实行集中收集、定点堆放，交由有资质的单位清运、消纳或者利用处置；

（五）其他类型的垃圾，按照设区的市的规定处理。

第三十条　城市拆迁改造、农村村镇搬迁以及其他产生大规模建筑垃圾的活动，县级人民政府和乡（镇）人民政府、街道办事处应当做好建筑垃圾统一收集、清运、消纳的组织管理工作。

排放的建筑垃圾应当在施工现场分类堆放，并采取防扬散、防抛撒措施，及时清运至指定垃圾消纳场。

禁止在道路、桥梁、公共场地、公共绿地、农田、河流、湖泊、供排水设施、水利设施以及其他非指定场地倾倒建筑垃圾。

第三十一条　餐饮垃圾处置的技术工艺应当符合行业标准和环境保护要求，经过处理的餐饮垃圾资源化利用产品应当达到国家标准或者地方标准。

禁止将餐饮垃圾及其资源化利用产品用于食品、餐饮和其他可能危害人体健康的行业。

第三十二条　县级以上人民政府对有机易腐垃圾生化制肥、生活垃圾焚烧发电、建筑垃圾综合利用项目应当制定优惠扶持政策，优先安排项目建设用地，并优先安排并网或者推广、使用再生产品。

第六章　危险废物污染环境的防治

第一节　危险废物的特殊规定

第三十三条　本条例所称危险废物是指列入国家危险废物名录或者根据国家规定的危险废物鉴别标准和鉴别方法认定的具有危险特性的固体废物。

处置其他未列入国家危险废物名录但含有毒有害物质，或者在利用和处置过程中产生有毒有害物质的，应当按照国家和本省有关无害化处理的标准和要求处置。有毒有害废物名录和管理办法，由省环境保护行政主管部门会同省有关部门制定并公布。

危险废物的容器和包装物以及收集、贮存、运输、处置危险废物的设施、场所，应当设置危险废物识别标志。

第三十四条　产生危险废物的单位应当建立健全危险废物分类管理规章制度，制定危险废物管理计划，落实管理责任。

产生危险废物的单位应当按照危险废物产生、贮存、利用、处置管理流程建立台账，如实记载产生危险废物的种类、数量、流向、贮存、利用、处置等信息。危险废物台账应当至少保存十年，企业重组、改制的，由承继企业接管保存；企业破产、倒闭的，应当将危险废物台账移交当地环境保护行政主管部门保存。

转移处置危险废物的，应当将危险废物的名称、种类、特性等基本信息告知利用处置单位。

第三十五条　鼓励石油、化工、金属冶炼行业等工业企业建设利用、处置设施，对其产生和附近同类危险废物就地、就近处置；鼓励企业利用水泥窑、炼钢炉协同处置危险废物。

前款规定的企业建设的危险废物利用、处置设施，其设施设备、技术工艺应当达到国家和本省危险废物利用、处置技术要求。

第三十六条 从事危险废物收集、贮存、运输、利用、处置的经营单位，应当依法申领危险废物经营许可证，并向发证机关提交年度经营情况报告。

禁止伪造、变造、转让、租借危险废物经营许可证。

第三十七条 收集、贮存、运输、利用、处置危险废物的单位应当按照国家规定建立危险废物经营情况记录簿，并如实记录。

经焚烧、物化、固化后以填埋方式处置危险废物的，危险废物经营情况记录簿应当永久保存。

第三十八条 危险废物转移实行电子联单制度。运输危险废物的专用车辆应当安装卫星定位装置，并保证安全正常运行。

第三十九条 禁止下列处置危险废物的行为：

（一）露天焚烧危险废物的；

（二）将危险废物混入一般工业废物或者生活垃圾处置的；

（三）超过国家危险废物填埋污染控制标准，以填埋方式直接处置危险废物的；

（四）利用渗井、渗坑或者裂隙填埋处置危险废物的；

（五）其他不符合环境保护要求的方式处置危险废物的。

第四十条 产生、收集、贮存、运输、利用、处置危险废物的单位，应当制定意外事故的防范措施和应急预案，报所在地县级环境保护行政主管部门备案，并组织相关人员参加法律和专业技术、安全防护以及应急处置培训，定期开展应急演练。

县级以上环境保护行政主管部门应当制定本行政区域危险废物污染环境突发事件应急预案，储备应急物资，组织调查处理危险废物污染环境事件。

第四十一条 因发生事故或者其他突发事件造成危险废物污染环境后，有关责任单位应当立即启动应急预案，采取有效措施消除或者减轻对环境的污染损害，并立即报告所在地县级以上环境保护等有关部门，由有关人民政府及时通报可能受到污染危害的单位和个人。

应急处置费用由责任单位承担。责任单位无力承担或者无法确定责任单位的，应急处置费用由县级以上人民政府承担。

第二节 医疗废物

第四十二条 县级以上人民政府及其卫生和计划生育、环境保护、畜牧兽医、民政行政主管部门应当加强医疗废物管理，统筹协调建设医疗废物收集、贮存、运输、处置设施和信息交互系统，完善运行机制，实现全收集、全覆盖。

本条例所称医疗废物，是指医疗卫生机构、计划生育技术服务机构、医学科研教学单位、血站、法医鉴定机构、畜牧兽医服务机构（宠物医院）在医疗、预防、保健以及其他相关活动中产生的具有直接或者间接感染性、毒性以及其他危害性的废物。

第四十三条 医疗废物产生单位应当按照国家和本省的规定分类收集，建立临时贮存点，其容器、包装、设施应当符合《医疗废物专用包装物、容器标准和警示标识规定》。

第四十四条 医疗废物产生单位应当与集中处置单位签订医疗废物收运、处置协议，载明收运时间、处置费用、违约责任等内容，明确双方权利义务。

第四十五条 医疗废物集中处置单位应当配备使用专用车辆收集、运输医疗废物，复核、查验医疗废物的包装、标识和重量，转移医疗废物实行电子联单制度。

因产生医疗废物单位分布分散或者路途较远的，由县级以上人民政府根据需要建立医疗废物中转站或者实行运输价格补贴。

医疗废物中转站的建设和运行应当符合卫生安全和技术规范要求。医疗废物中转站应当密闭贮存，贮存时间不得超过二十四小时。

第四十六条 医疗废物集中处置单位应当取得危险废物经营许可证，对覆盖范围内的医疗废物集中收集、分类处置。对不能处置的医疗废物，送交具备处置资质和能力的单位集中处置。

医疗废物集中处置设施应当按照规定安装在线监测装置，保证正常运行。以焚烧方式处置医疗废物过程中产生的残余物、飞灰、废活性炭等，按照危险废物管理；以蒸煮方式处置危险废物后，按照一般固体废物单独或者专区填埋。

第四十七条 医疗废物集中处置单位在规定的经营期限内应当保证处置设施安全、正常运行。因设施设备维修需要暂时停运的，应当采取措施，做好医疗废物收贮工作。设施服役期满不再继续经营的，应当在经营期限届满前六个月向设区的市环境保护行政主管部门报告有关情况，做好医疗废物处置衔接工作。

第三节 其他危险废物

第四十八条 鼓励电器电子产品生产者自行或者委托销售者、维修机构、售后服务机构、再生资源回收经营者回收废弃电器电子产品。

从事拆解废旧机动车、废弃电器电子产品等物资的单位，应当依法取得相应资质，按照国家技术规范进行拆解，对拆解过程中产生的危险废物分类集中收集、建立台账，并按照国家有关规定交由有资质的单位进行利用或者处置。

禁止非法拆解、处置废旧机动车、废弃电器电子产品。

第四十九条 机动车保养维修企业对其产生的废矿物油（废机油）、漆渣、废铅酸电池等危险废物，应当制定管理制度和操作规程，配备建设危险废物的专用贮存场所和设备，全部回收、分类贮存，并采取防渗漏、防雨、防晒等污染防治措施。

机动车保养维修企业应当与取得危险废物经营许可证的单位签订利用或者处置协议，明确双方权利义务。

第五十条 公安、卫生和计划生育、农业、食品药品监督、工商行政管理、质量技术监督等行政执法部门需要销毁违禁品、假冒伪劣商品及其他违法物品的，应当采取符合环境保护要求的方式利用或者无害化处置，不得露天焚烧、倾倒或者擅自填埋。属于危险废物的，应当委托具有相应危险废物经营许可资质的单位进行无害化处置。处置费用由同级人民政府承担。

第五十一条 设立实验室的教育、科研机构和其他企业事业单位应当建立实验室废物分类、登记管理制度，加强对所属实验室产生的废药剂、废试剂、实验动物尸体及其他实验室废物的管理。

实验室产生的液态废物应当分类暂存，不得随意倾倒。过期、失效及多余药剂应当设置专门贮存场所分类存放，不得擅自弃置、填埋。

实验室产生的危险废物应当委托具有相应资质的单位处置。

第七章 监督管理

第五十二条 省质量技术监督行政主管部门会同工业和信息化、环境保护等行政主管部门根据本省环境质量状况和经济技术条件，制定固体废物污染环境防治的地方控制标准和技术规范。

第五十三条 县级以上环境保护、住房和城乡建设、卫生和计划生育和其他有关行政主管部门，依据各自职责定期开展专项执法监督检查，对管辖范围内产生、收集、贮存、运输、利用、处置固体废物的单位和个人进行现场检查。被检查的单位和个人应当如实反映情况，提供必要的资料。

第五十四条 省、设区的市环境保护行政主管部门及其他相关行政主管部门应当利用门户网站定期发布固体废物的种类、产生量、污染处置情况等信息，方便公众查询。发生重大固体废物污染环境事件，应当及时向公众发布有关信息。

产生、运输、利用、处置固体废物的单位应当按照规定在网站、报刊、广播、电视等公众媒体平台公布其固体废物产生的种类、产生量、贮存量、转移量、利用量、处置量及去向等环境信息，接受公众监督。

省环境保护行政主管部门应当建立固体废物申报登记、市场交易公共服务网络信息平台，为固体废物的管理、收集、处理提供信息服务。

第五十五条 产生、收集、贮存、运输、利用、处置固体废物的单位实施固体废物污染环境防治法律、法规的情况，应当纳入企业信用信息征信系统。

第五十六条 县级以上人民政府及其环境保护、住房和城乡建设、卫生和计划生育、教育、广播电视等行政主管部门应当加强固体废物污染环境防治知识的公益宣传和舆论监督，组织开展固体废物分类处置科普知识宣传教育，倡导文明、绿色、低碳、环保的生产和生活方式。

村（居）民委员会应当通过多种形式普及宣传固体废物污染环境防治知识，指导村（居）民分类收集、投放生活垃圾，增强环境保护意识。

中小学、幼儿园应当根据未成年人特点组织开展固体废物污染环境防治知识的教育和实践活动。

第五十七条 对固体废物污染环境损害社会公共利益的行为，法律规定的机关和组织可以依法向人民法院提起诉讼。

第五十八条 任何单位和个人都有权对造成固体废物污染环境的行为进行检举和控告。县级以上环境保护和其他有关行政主管部门应当公布投诉、举报方式，方便公众监督。

环境保护和其他有关行政主管部门受理投诉、举报后，应当及时核实，依法查处，并将查处结果向投诉人、举报人反馈。

第八章 法律责任

第五十九条 县级以上人民政府及其环境保护行政主管部门和其他有关行政主管部门及工作人员在固体废物污染防治工作中滥用职权、玩忽职守、徇私舞弊以及不依法履行监督管理职责或者发现违法行为不予查处，对直接负责的主管人员和其他直接责任人员，依法给予行政处分。

第六十条 违反本条例第十四条规定，未按规定要求实施监测或者报告监测结果的，由县级环境保护行政主管部门责令限期改正，可以并处二万元以上十万元以下罚款。

第六十一条 违反本条例第十七条规定，将固体废物交由不具备固体废物利用、处置资质或者能力的单位处理，由县级以上环境保护行政主管部门责令立即改正，对产生固体废物的单位处一万元以上十万元以下罚款；造成环境污染的，由产生固体废物的单位和第三方共同承担环境污染治理责任。

第六十二条 违反本条例第二十条规定，未按规定要求进行场地环境风险调查评估或者场地修复的，由县级以上环境保护行政主管部门责令限期改正，逾期未改正的，处五万元以上二十万元以下罚款。

第六十三条 违反本条例第三十四条第二款、第三十七条和第四十八条第二款规定，未建立危险废物台账、经营情况记录簿的，由县级以上环境保护行政主管部门责令限期改正，并处五千元以上二万元以下罚款。

第六十四条 违反本条例第三十六条第二款规定，伪造、变造或者出租、出借、转让危险废物经营许可证的，由县级以上环境保护行政主管部门予以收缴或者由原发证机关吊销危险废物经营许可证，并处五万元以上十万元以下罚款。

第六十五条 违反本条例第三十八条、第三十九条规定，未按规定转移或者处置危险废物的，由县级以上环境保护行政主管部门责令限期改正，并处二万元以上二十万元以下罚款。

第六十六条　违反本条例第四十八条第三款规定，未取得相应许可资质非法从事废旧机动车、废弃电器电子产品拆解的，由县级以上商务或者环境保护行政主管部门予以取缔，并处一万元以上十万元以下罚款。

第六十七条　环境保护行政主管部门作出十万元以上罚款或者吊销危险废物经营许可证行政处罚决定的，应当告知当事人有要求举行听证的权利。

第六十八条　违反本条例规定的行为，其他法律、法规已有处罚规定的，从其规定；构成犯罪的，依法追究刑事责任。

第九章　附则

第六十九条　本条例自 2016 年 4 月 1 日起施行。

参考文献

[1] 白雪洁，宋莹．环境规制、技术创新与中国火电行业的效率提升[J]．中国工业经济，2009（8）：68-77．

[2] 毕克新，王禹涵，杨朝均．创新资源投入对绿色创新系统绿色创新能力的影响——基于制造业FDI流入视角的实证研究[J]．中国软科学，2014（3）：153-166．

[3] 丹尼尔·F.史普博．管理与市场[M]．上海：上海人民出版社，1999．

[4] 董敏杰，梁泳梅，李钢．环境规制对中国出口竞争力的影响——基于投入产出表的分析[J]．中国工业经济，2011（3）：57-67．

[5] 董颖，石磊．"波特假说"——生态创新与环境管制的关系研究述评[J]．生态学报，2013（2）：810-824．

[6] 饭岛伸子．环境社会学[M]．北京：社会科学文献出版社，1999．

[7] 冯之浚，金涌，牛文元，徐锭明．关于推行低碳经济促进科学发展的若干思考[N]．光明日报（理论版），2009-04-21．

[8] 葛晓梅，王京芳，薛斌．促进中小企业绿色技术创新的对策研究[J]．科学学与科学技术管理，2005（12）：87-91．

[9] 宫本宪一．环境经济学[M]．上海：三联书店，2004．

[10] 龚丽敏．新兴经济背景下商业模式对企业成长的影响：中国制造企业的证据[D]．浙江大学，2013．

[11] 韩晶，陈超凡，冯科．环境规制促进产业升级了吗——基于产业技术复杂度的视角[J]．北京师范大学学报（社会科学版），2014（1）：148-160．

[12] HanBrezet．生态设计实践动态[J]．产业与环境（中文版），1998（Z1）：20-23．

[13] 胡鞍钢,郑京海,高宇宁等.考虑环境因素的省级技术效率排名(1999~2005)[J].经济学(季刊),2008(4):933-960.

[14] 黄清煌,高明.环境规制对经济增长的数量和质量效应——基于联立方程的检验[J].经济学家,2016(4):53-62.

[15] 贾军,张伟.绿色技术创新中路径依赖及环境规制影响分析[J].科学学与科学技术管理,2014,35(5):44-52.

[16] 江炎骏,杨青龙.地方政府干预、环境规制与技术创新——基于我国省际面板数据的研究[J].安徽行政学院学报,2015(3):35-39.

[17] 焦俊,李垣.基于联盟的企业绿色战略导向与绿色创新[J].研究与发展管理,2011(1):84-89.

[18] 解垩.环境规制与中国工业生产率增长[J].产业经济研究,2008(1):19-25.

[19] 金涌,王垚,胡山鹰,朱兵.低碳经济:理念·实践·创新[J].中国工程科学,2008(9):4-16.

[20] 李斌,彭星,欧阳铭珂.环境规制、绿色全要素生产率与中国工业发展方式转变——基于36个工业行业数据的实证研究[J].中国工业经济,2013(4):56-68.

[21] 李婉红,毕克新,曹霞.环境规制工具对制造企业绿色技术创新的影响——以造纸及纸制品企业为例[J].系统工程,2013(10).

[22] 李旭颖.企业创新与环境规制互动影响分析[J].科学学与科学技术管理,2008,29(6):61-65.

[23] 李璇.供给侧改革背景下环境规制的最优跨期决策研究[J].科学学与科学技术管理,2017,38(1):44-51.

[24] 李阳,党兴华,韩先锋,宋文飞.环境规制对技术创新长短期影响的异质性效应——基于价值链视角的两阶段分析[J].科学学研究,2014,32(6):937-949.

[25] 李怡娜,叶飞.制度压力、绿色环保创新实践与企业绩效关系——基于新制度主义理论和生态现代化理论视角[J].科学学研究,2011(12):1884-1894.

[26] 刘勇. 绿色技术创新与传统意义技术创新辨析 [J]. 工业技术经济, 2011, 30 (12): 55-60.

[27] 卢方元. 环境污染问题的演化博弈分析 [J]. 系统工程理论与实践, 2007 (9): 148-152.

[28] 罗斯托. 从起飞进入持续增长的经济学 [M]. 成都: 四川人民出版社, 1988.

[29] 迈尔斯. 最终的安全 [M]. 上海: 上海译文出版社, 2001.

[30] 聂爱云, 何小钢. 企业绿色技术创新发展: 环境规制与政策组合[J]. 改革, 2012 (4): 102-108.

[31] 潘峰, 西宝, 王琳. 基于演化博弈的地方政府环境规制策略分析[J]. 系统工程理论与实践, 2015 (6): 1393-1404.

[32] 珀曼. 自然资源与环境经济学 [M]. 北京: 中国经济出版社, 2002.

[33] [美] 乔·史蒂文斯. 集体选择经济学 [M]. 上海: 格致出版社, 2014.

[34] 任胜钢, 胡兴, 袁宝龙. 中国制造业环境规制对技术创新影响的阶段性差异与行业异质性研究 [J]. 科技进步与对策, 2016, 33 (12): 59-66.

[35] 沈能, 刘凤朝. 高强度的环境规制真能促进技术创新吗——基于"波特假说"的再检验 [J]. 中国软科学, 2012 (4): 49-59.

[36] 隋俊, 毕克新, 杨朝均等. 跨国公司技术转移对我国制造业绿色创新系统绿色创新绩效的影响机理研究 [J]. 中国软科学, 2015 (1): 118-129.

[37] 孙伟, 江三良, 韩裕光. 环境规制、政府投入和技术创新——基于演化博弈的分析视角 [J]. 江淮论坛, 2015, 270 (2): 34-38.

[38] 托马斯·思德纳. 环境与自然资源管理的政策工具 [M]. 上海: 上海人民出版社, 2005.

[39] 王俊豪. 城市公用事业政府管制体制改革的政策思路 [J]. 浙江经济, 2001 (5): 14-15.

[40] 王文普. 环境规制的经济效应研究 [D]. 山东大学, 2012.

[41] 王小宁, 周晓唯. 西部地区环境规制与技术创新——基于环境规制工具视角的分析 [J]. 技术经济与管理研究, 2014 (5): 114-118.

[42] 吴晓青,洪尚群,蔡守秋等. 环境政策工具组合的原理、方法和技术[J]. 重庆环境科学,2003,25(12):85-87.

[43] 熊国强,张婷,王海涛. 情绪影响下群体性冲突的 RDEU 博弈模型分析[J]. 中国管理科学,2015,23(9):162-170.

[44] 熊鹰,徐翔. 环境管制对中国外商直接投资的影响——基于面板数据模型的实证分析[J]. 经济评论,2007(2):122-124+160.

[45] 徐建中,徐莹莹. 政府环境规制下低碳技术创新扩散机制——基于前景理论的演化博弈分析[J]. 系统工程,2015(2).

[46] 许庆瑞,王毅. 绿色技术创新新探:生命周期观[J]. 科学管理研究,1999(1):3-6.

[47] 闫逢柱,苏李,乔娟. 产业集聚发展与环境污染关系的考察——来自中国制造业的证据[J]. 科学学研究,2011,29(1):79-83.

[48] 岩佐茂. 环境的思想[M]. 北京:中央编译出版社,1997.

[49] 杨东,廖貅武,杨鹏. 战略导向、知识网络对技术创新的影响分析[J]. 科技管理研究,2007(9):1-3+9.

[50] 杨发明,魏江. 基于信息过程的绿色技术创新模式研究[J]. 环境导报,1998(6):28-32.

[51] 于文超. 官员政绩诉求、环境规制与企业生产效率[D]. 西南财经大学,2013.

[52] 张钢,张小军. 企业绿色创新战略的驱动因素:多案例比较研究[J]. 浙江大学学报(人文社会科学版),2014(1):113-124.

[53] 张菡. 中国环境规制绿色技术创新效应的研究[D]. 山东财经大学,2014.

[54] 张倩,曲世友. 环境规制下政府与企业环境行为的动态博弈与最优策略研究[J]. 预测,2013(4):35-40.

[55] 张天悦. 环境规制的绿色创新激励研究[D]. 中国社会科学院研究生院,2014.

[56] 张学刚,钟茂初. 政府环境监管与企业污染的博弈分析及对策研究[J]. 中国人口·资源与环境,2011,21(2):31-35.

[57] 张学刚. 环境管制政策工具的演变与发展——基于对外部性问题认识的视角 [J]. 中国环境管理丛书, 2010 (1).

[58] 赵红. 环境规制的成本收益分析——美国的经验与启示 [J]. 山东经济, 2006 (2): 115-120.

[59] 赵细康. 环境保护与产业国际竞争力: 理论与实证分析 [M]. 北京: 中国社会科学出版社, 2003.

[60] 赵玉民, 朱方明, 贺立龙. 环境规制的界定、分类与演进研究 [J]. 中国人口·资源与环境, 2009 (6): 85-90.

[61] 郑亚莉, 宋慧. 中国知识产权保护对高技术产业竞争力影响的实证研究 [J]. 中国软科学, 2012 (2): 147-155.

[62] 钟水映, 简新华. 人口、资源与环境经济学 [M]. 北京: 科学出版社, 2005, 21: 148-152.

[63] 朱建峰, 郁培丽, 石俊国. 绿色技术创新、环境绩效、经济绩效与政府奖惩关系研究——基于集成供应链视角 [J]. 预测, 2015 (5): 61-66.

[64] A C Pigou. The Economics of Welfare [M]. China Social Sciences Pu, 1999.

[65] Alpay E, Buccola S, Kerkdie J. Productivity Growth and Environmental Regulation in Mexican and U S Food Manufacturing [J]. American Journal of Agricultural Economics, 2002, 84 (4): 887-901.

[66] Amacher G S, Malik A S. Instrument Choice When Regulators and Firms Bargain [J]. Journal of Environmental Economics and Management, 1998, 35 (3): 225-241.

[67] Arimura, Toshi. An Empirical Study of the SO_2 Allowance Market: Effects of PUC Regulation [J]. Journal of Environmental Economics and Management, 2002, 44 (2): 271-289.

[68] Banerjee S B. Managerial Perceptions of Corporate Environmentalism: Interpretations from Industry and Strategic Implications for Organizations [J]. Journal of Management Studies, 2001, 38 (4): 489-513.

[69] Barbera A J, Mc Connel V D. The Impact of Environmental Regulations on

Industry Productivity: Direct and Indirect Effects [J]. Journal of Environmental Economics and Management, 1990, 18 (1): 50 - 65.

[70] Berman E, Bui L T. Environmental Regulation and Productivity: Evidence from Oil Refineries [J]. The Review of Economics and Statistic, 2001, 88 (3): 498 - 510.

[71] Boyd G A, Mc Cell and J D. The Impact of Environmental Constraints on Productivity Improvement in Integrated Paper Plants [J]. Journal of Environmental Economics and Management, 1999, 38 (2): 121 - 142.

[72] Brunner Meier S B, Cohen M A. Determinants of Environmental Innovation in US Manufacturing Industries [J]. Journal of Environmental Economics and Management, 2003, 45 (2): 278 - 293.

[73] C Freeman, C Perez. Structural Crises of Adjustment, Business Cycles and Investment Behavior. [J]. Technical Change & Economic Theory L Ndon Frances Pinter, 1988: 871 - 871.

[74] Chintrakarn P. Environmental Regulation and U S States' Technical Inefficiency [J]. Economics Letters, 2008 (10): 363 - 365.

[75] Cleff T, Rennings K. Determinants of Environmental Product and Process Innovation [J]. European Environment, 1999, 9 (5): 191 - 201.

[76] Cole M A, Elliott R J R, Okubo T. Trade, Environmental Regulations and Industrial Mobility: An Industry - level Study of Japan [J]. Ecological Economics, 2010, 69 (10): 1995 - 2002.

[77] Cole M A, Elliott R J R. Do Environmental Regulations Influence Trade Patterns? Testing Old and New Trade Theories [J]. The World Economy, 2003, 26 (8): 1163 - 1186.

[78] Conrad K, Wastl D. The Impact of Environmental Regulation on Productivity in German Industries [J]. Empirical Economics, 1995, 20 (4): 615 - 633.

[79] Cowan and Hulten. Escaping lock - in: The Case of the Electric Vehicle [J]. Technological Forecasting & Social Change, 1996, 53 (1): 61 - 79.

[80] Darnall N, Henriques I, Sadorsky P. Do Environmental Management Sys-

tems Improve Business Performance in an International Setting[J]. Journal of International Management, 2008, 14 (4): 364 – 376.

[81] Dean T J, Brown R L. Pollution Regulation as a Barrier to New Firm Entry: Initial Evidence and Implications for Future Research [J]. Academy of Management Journal, 1995, 38 (1): 288 – 303.

[82] DeCanio S. The Efficiency Paradox: Bureaucratic and Organizational Barriers to Pro? Table Energy Saving Investments [J]. Energy Policy, 1998, 26 (5): 441 – 454.

[83] Denison E F. Accounting for Slower Economic Growth: The United States in the 1970s. [J]. Southern Economic Journal, 1981, 47 (4): 1191 – 1193.

[84] E Brawn, D Wield. Regulation as a Means for the Social – control of Technology [J]. Technology Analysis & Strategic management, 1994 (3): 259 – 272.

[85] Fan Gang. Market Mechanism and Economic Efficiency [M]. Shanghai: Shanghai Sanlian Press and Shanghai People Press, 1995: 151.

[86] Fischer C, Parry I W H, Pizer W H. Instrument Choice for Environmental Protection when Technological Innovation is Endogenous [J]. Journal of Environmental Economics and Management, 2003, 45: 523 – 545.

[87] Fredriksson P G, Millimet D L. is there a "California effect" in US Environmental Policymaking? [J]. Regional Science and Urban Economics, 2002, 32 (6): 737 – 764.

[88] Fu X, Pietrobelli C, Soete L. The Role of Foreign Technology and Indigenous Innovation in the Emerging Economies: Technological Change and Catching – up [J]. World Development, 2011.

[89] Gollop F M, Robert M J. Environmental Regulations and Productivity Growth: The Case of Fossil Fueled Electric Power generation [J]. Journal of Political Economy, 1983, 91 (4): 654 – 665.

[90] Gray W B. The cost of regulation: OSHA, EPA and the Productivity Slowdown [J]. American Economic Review, 1987, 77 (5): 998 – 1006.

[91] Guo H, Xu E, Jacobs M. Managerial Political Ties and Firm Performance

During Institutional Transitions: An Analysis of Mediating Mechanisms [J]. Journal of Business Research, 2014, 67 (2): 116 – 127.

[92] Guoyou Q, Saixing Z, Chiming T, et al. Stakeholders' influences on Corporate Green Innovation Strategy: A Case Study of Manufacturing Firms in China [J]. Corporate Social Responsibility and Environmental Management, 2013, 20 (1): 1 – 14.

[93] Harford J D. Firm Behaviour Under Imperfectly Enforceablepollution Standards and Taxes [J]. Journal of Environmental Economics and Management, 1978 (5): 26 – 43.

[94] Hartwick, J M, Kemp, M C, Vanlong, N. Set – up Costs and Theory of Exhaustible Resources [J]. Journal of Environmental Economics and Manage – ment, 1986, 13 (3): 212 – 224.

[95] Helen Walker, Lutz Preuss. Fostering Sustainability Through Sourcing from small Business: Public Sector Perspectives [J]. Journal of Cleaner Production, 2008 (16): 1600 – 1609.

[96] Horbach J, Rammer C, Rennings K. Determinants of Eco – innovations by Type of Environmental Impact—The Role of Regulatory Push/Pull, Technology Push and Market Pull [J]. Ecological Economics, 2012, 78: 112 – 122.

[97] Jaffe A B, Palmer J K. Environmental Regulation and Innovation: A Panel Data Study [J]. Review of Economics and Statistics, 1997, 79 (4): 610 – 619.

[98] Jaffe A B, Peterson S R, Portney P R, Stavins R N. Environmental – Regulation and the Competitiveness of United – States Manufacturing—What Does the Evidence Tell Us [J]. Journal of Economic Literature, 1995, 33 (1): 132 – 163.

[99] Javorcik B S, Wei S J. Pollution Havens and Foreign Direct Investment: Dirty Secret or Popular Myth [J]. The B. E. Journal of Economic Analysis & Policy, 2010, 3 (2): 1244.

[100] Jorgenson D J, Wilcoxen P J. Environmental Regulation and U S Economic Growth [J]. The Rand Journal of Economics, 1990, 21 (2): 313 – 340.

[101] Jung C, Krutilla K, Boyd R. Incentives for Advanced Pollu – tion Abate-

ment Technology at the Industry Level: An Evaluationof Policy Alteratives [J]. Journal of Environmental Economics and Management, 1996, 30 (1): 95 – 111.

[102] Kammerer D. The Effects of Customer Benefit and Regulation on Environmental Product Innovation: Empirical Evidence from Appliance Manufacturers in Germany [J]. Ecological Economics, 2009, 68 (8): 2285 – 2295.

[103] Kemp R, Pontoglio S. The Innovation Effects of Environmental Policy Instruments – a Typical Case of the Blind Men and the Elephant [J]. Ecological Economics, 2011, 72 (1725): 28 – 36.

[104] Kjetil Telle J L. Do Environmental Regulations Hamper Productivity Growth? How Accounting for Improvements of Plants' Environmental Performance can Change the Conclusion [J]. Ecological Economics, 2007 (61): 438 – 445.

[105] Lanjouw J O, Mody A. Innovation and the International Diffusion of Environmentally Responsive Technology [J]. Research Policy, 1996, 25 (4): 549 – 571.

[106] Lanoie P, Patry M. Environmental Regulation and Productivity: New Findings on the Porter Hypothesis [R]. Working Paper, 2001.

[107] Levinson, A. Environmental Regulations and Manufacturers' Location Choices: Evidence from the Census of Manufactures [J]. Journal of Pubic Economics, 1996, 62 (1 – 2): 5 – 29.

[108] Lopez – Gamero M D, Molina – Azorin J F, Claver – Cortes E. The Potential of Environmental Regulation to Change Managerial Perception, Environmental Management, Competitiveness and Financial Performance [J]. Journal of Cleaner Production, 2010, 18 (10/11): 963 – 974.

[109] M A Berry, D A Rondinelli. Strategic and Environmental Management in the Corporate Value Chain at Shaw Industries. [J]. Global Business & Organizational Excellence. 1998, 17 (3): 17 – 26.

[110] Machina M J. "Expected Utility" Analysis Without the Independence Axiom [J]. Econometrica: Journal of the Econometric Society, 1982: 277 – 323.

[111] Magat W A. Pollution Control and Technological Advance: A Dynamics Model of the Firm [J]. Journal of Environmental Economics and Management, 1978

(1): 1-25.

[112] Majesty. Our Energy Future – creating a Low Carbon Economy [J]. HMSO, 2003, 1: 2-16.

[113] Managi S, Hibiki A, Tsurumi T. Does Trade Openness Improve Environmental Quality [J]. Journal of Environmental Economics and Management, 2009, 58 (3): 346-363.

[114] Morgenstern, Oskar. Theory of Games and Economic Behavior [M]. Princeton University Press, 1944.

[115] Neumann J V, Morgenstern O. Theory of Games and Economic Behavior [J]. Princeton Paperbacks, 1953, 21 (1): 2-14.

[116] Palmer K, Portney P R. Tightening Environmental Standards: The Bene – fit – Cost or the No – Cost Paradigm [J]. Journal of Economic Perspectives, 1995, 9 (4): 119-132.

[117] Porter M E, Van Derlinde C. Toward a New Conception of the Environment – Competitiveness Relationship [J]. Journal of Economic Perspectives, 1995, 9 (4): 97-118.

[118] Porter M E. America's Green Strategy [M]. Scientific American, 1991.

[119] Quiggin J. A Theory of Anticipated Utility [J]. Journal of Economic Behavior & Organization, 1982, 3 (4): 323-343.

[120] Richard G Richels, Geoffrey J. Blanford. The Value of Technological Advance in Decarbonizing the U. S. Economy. [J]. Energy Economics, 2008, 30: 2930-2946.

[121] T Daddi, F Testa, F Iraldo. A Cluster – based Approach as an Effective way to Implement the Environmental Compliance Assistance Programme: Evidence from some Good Practices [J]. Local Environment, 2010, 15 (15): 73-82.

[122] Tang S Y, Lo C H, Fryxell G E. Governance Reform, Ex – ternal Support, and Environmental Regulation Enforcementin Rural China: The Case of Guangdong Province [J]. Journal of Environmental Management, 2010, 91 (10): 2008-2018.

[123] W Hopfenbeck. The Green Management Revolution: Lessons in Environmental Excellence [J]. Management Revolution, 1993.

[124] Walley N, Whitehead B. It's Not Easy Being Green [J]. Harvard Business Review, 1994, 72 (3): 46–51.

[125] Xepapadeas A, de Zeeuw A. Environmental Policy and Competitiveness: The Porter Hypothesis and the Composition of Capital [J]. Journal of Environmental Economics and Management, 1999, 37 (2): 165–182.

[126] Zhu Q, Sarkis J, Lai K H. Institutional-based Antecedents and Performance Outcomes of Internal and External Green Supply Chain Management Practices [J]. Journal of Purchasing & Supply Management, 2013, 19 (2): 106–117.

后　记

本书是在我所指导的研究生张彦海的学位论文的基础上修改和完善而成的，在此要感谢课题组成员张彦海、张丹、娄俊婷和徐艳等，他们为修改本书付出了很多的时间和心血，收集和消化了大量的参考资料。张彦海踏实勤奋、刻苦钻研，在论文撰写过程中持之以恒，遇到困难不气馁，能够积极向老师请教，和同学们进行交流。张丹、娄俊婷和徐艳等同学在学习过程中团结互助，具有较强的团队合作精神，他们为收集资料和修改、完善本书付出了很多精力，娄俊婷主要修改了第一章、第二章、第三章，并对全书进行了统稿工作，张丹和徐艳主要修改了第四章、第五章。本书的完成与他们每个人的付出息息相关，非常感谢每一位同学的辛勤付出。感谢经济管理出版社的编辑，从语法到标点符号等方面他们都进行了认真、详细的修改，这种敬业的工作态度使我倍感鼓舞，非常感谢他们的付出。同时要感谢西安理工大学经管学院领导和老师们的支持，感谢提供相关参考资料的所有作者，他们为本书的完成提供了非常有价值的研究成果。此外，特别要感谢哈尔滨工程大学李婉红博导，她为本研究团队的选题提供了非常有价值的学术指导。

最后，要感谢我年迈的父母，感谢我的妻子陈娟女士对我学术的支持，感谢长子赵嘉程的陪伴，并期待即将出生的次子！他（她）们是我不断前进的精神动力。谨以此书作为向同学们、同事们、朋友们、亲人们的献礼！

笔者

2018 年 5 月于西安理工大学